大数据在企业管理中的应用研究

林建华◎著

北京燕山出版社
BEIJING YANSHAN PRESS

图书在版编目（CIP）数据

大数据在企业管理中的应用研究 / 林建华著. -- 北京 : 北京燕山出版社, 2023.3
ISBN 978-7-5402-6845-9

Ⅰ. ①大… Ⅱ. ①林… Ⅲ. ①企业管理－研究 Ⅳ. ①F272

中国国家版本馆CIP数据核字(2023)第035041号

大数据在企业管理中的应用研究

作　　者　林建华
责任编辑　金贝伦　贾　玮
出版发行　北京燕山出版社有限公司
社　　址　北京市西城区椿树街道琉璃厂西街20号
电　　话　010-65240430
邮　　编　100052
印　　刷　北京四海锦诚印刷技术有限公司
开　　本　787mm × 1092mm　1/16
字　　数　213千字
印　　张　12.25
版　　次　2023年3月第1版
印　　次　2023年3月第1次印刷
定　　价　76.00元

作者简介

林建华，女，高级会计师，现任国网信通亿力科技有限责任公司董事长、党委书记。先后获得科学技术奖两项、电力行业信息化成果奖一项、技术标准一篇；独立发表论文三篇；获得地市（局）级奖励三项，厂（处）级奖励两项。

前　言

在当前网络信息化发展的背景下，各类信息技术也随之得到大幅度提高，进一步推动大数据时代在各行业中的影响。大数据时代的到来，引领社会经济高速发展，同时，使得信息技术、互联网技术等被广大群众接受，并应用于实际生活中。企业管理人员需要顺应时代趋势，转变传统发展观念，通过采取科学合理的有效措施，对现阶段企业不断优化，提高企业内部核心竞争力，进而为企业未来发展提供有效保障。

随着大数据的来临，当下大量企业都面临着前所未有的机遇，伴随机遇的也有严峻的挑战，特别是智能企业当中的管理工作，受到了严重的影响。在这种情况下，企业应当抓住时机，充分把握住大数据为企业管理带来的机遇，充分应用大数据对企业的管理工作进行进一步改革。大数据背景下的企业管理关乎企业发展，更关乎国家综合实力的增强。企业借助大数据技术创新管理模式，及时识别潜在风险，能有效借助大数据优势，助力企业迈向新的发展阶段。从大数据背景下企业管理的意义入手，探究大数据时代企业经济管理中存在的不足，强化针对性化解，助力企业核心竞争力增强，能有效增强我国企业综合实力，为我国经济改革奠定坚实基础。

本书主要介绍了企业管理、企业战略管理、营销管理、人力资源管理、物流管理、财务管理等内容，并详细说明了大数据与各管理之间的关系，探讨了大数据应用于企业管理的优势及大数据的企业财务管理的改革举措，以期不断提升大数据在企业财务管理中的应用成效。

由于水平有限，书中难免存在不妥与疏漏之处，敬请读者批评指正，以使本书进一步完善。

目录

第一章　企业管理

第一节　企业的概念与特征

一、企业的概念

企业是集合土地、资本、劳动力、技术、信息等生产要素，在创造利润的动机和承担风险的环境中，有计划、有组织、有效率地进行某种事业的经济组织。

企业是从事生产、流通、服务等经济活动，为满足社会需要和获取盈利，依照法定程序成立的具有法人资格，进行自主经营，享受权利和承担义务的经济组织。企业是一个与商品生产相联系的历史概念，它经历了家庭生产时期、手工业生产时期、工厂生产时期和现代企业时期等发展阶段。

综上所述，可将企业的含义归纳成如下要点：

第一，企业是个别经济单位，或为工业，或为商业，在一定时期内，自负盈亏。

第二，企业从事经济活动，集合土地、资本、劳动力、信息等生产要素，创造货物及劳务，以满足顾客需要。

第三，企业是一种营利组织，其生存的前提在于“利润的创造”。

二、现代企业的特征

现代工业又称为“大机器工业”，是在自然经济条件下的“个体手工业”和资本主义“工场手工业”的基础上发展起来的，表现出鲜明的特征，具体包括以下几点：

第一，比较普遍地运用现代科学技术手段开展生产经营活动。采用现代机器体系和高技术含量的劳动手段开展生产经营活动，生产社会化、机械化、自动化、计算机化程度较高，并比较系统地将科学知识应用于生产经营过程。

第二，生产组织日趋严密。内部分工协作的规模和细密程度极大提高，劳动效率呈现逐步提高的态势。

第三，经营活动的经济性和营利性。现代企业必须通过为消费者提供商品或服务，借以实现企业价值增值的目标。经济性是现代企业的显著特征。企业的基本功能就是从事商品生产、交换或提供服务，通过商品生产和交换将有限的资源转换为有用的商品和服务，以满足社会和顾客的需要。一切不具备经济性的组织不能称为现代企业。营利性是构成现代企业的根本标志，现代企业作为一个独立的追求利润的经济组织，它是为营利而开展商品生产、交换或从事服务活动。盈利是企业生存和发展的基础条件，也是企业区别于其他组织的主要依据。

第四，环境适应性。现代企业同外部环境之间的关系日益密切，任何企业都不能孤立存在，企业的生存和发展离不开一定的环境条件。所以说，企业是一个开放系统，和外部环境存在着相互交换、相互渗透、相互影响的关系。企业必须从外部环境接受人力、资金、材料、技术、信息等因素的投入，然后通过企业内部的转换系统，把这些投入物转换成产品、劳务以及企业成员所需的各种形式的报酬，作为产出离开企业系统，从而完成企业与外部环境之间的交换过程。

第五，对员工福利和社会责任的重视，形成特有的企业精神。现代企业具有公共性和社会性，要想谋求长远发展，必须得到股东、员工、顾客及社会公众的支持，因此，利润、员工福利和社会责任构成企业存续的三个基本因素。企业的一切经营活动，尤其是扩展，必须借用资金，而资金最可靠的来源就是企业的盈余，企业的利润是企业存续的第一要素。企业是生产设备和员工组成的一种经济组织，而人是机器设备的主宰者，生产效率的高低受人为因素的影响最大，因此，现代企业为求生存必须尊重员工的人性，重视员工的福利，以提高士气，建立互信。企业是构成整个社会的一部分，若不重视社会大众的利益，甚或剥夺其利益，妨害社会安宁，污染环境，则必然遭到谴责和抵制，以致不能生存，因此，现代企业的管理者，无不重视社会责任。

现代企业是现代市场经济和社会生产力发展的必然产物，它较好地适应了现代市场经济和社会发展的客观要求，具有自己独有的特征。

第二节　管理与企业管理

一、管理

管理是一个过程，是一个组织或个人为了实现一定的目标所采取的最有效、最经济的行动，是对行动的计划、组织和控制。

管理是为了达到组织目标而对组织内的各种资源（人、财、物等）进行合理配置的综合性活动。

（一）管理的对象

1. 管理的主体

管理的主体即管理者。

2. 管理的客体

管理的客体是指管理者执行管理职能、实现管理目标时所作用于的人或事（亦即管理对象）。

3. 管理对象的分类和结构

管理对象的分类和结构包括：①人——管理对象的核心要素；②财、物、时间、信息；③人和物质相结合而形成的各种活动（产、供、销等）。

管理是为组织设立目标，探求并选择达成此目标的策略及详细程序，并在达成目标的过程中，注意人员、金钱、物料、机器、方法等构成要素是否相互密切配合，若否，则采取矫正措施，以期顺利实现组织的目标，完成其任务。管理是一切有组织的集体活动所不可缺少的要素。必须认识到管理是一种组织活动，它绝不等价于命令或权力。利用各种方法处理好各种关系，才是管理的关键。

管理是人类共同劳动的产物，只要存在众多人的协同劳动，就需要有管理。管理活动具有普遍性。参加群体组织的个人都有各自的任务和目的，个人目的之间、个人与组织目的之间，也常常产生矛盾和冲突。组织中成员的活动内容和目的的差异性与矛盾性，必然客观上要求协调。没有协调，组织就会处于无序状态，单个人的力量便无法形成集体的合力，组织的目标便无法达成，组织便会解体，而对组织内不同人群或工作组之间的协调活动就是管理活动。

（二）管理的二重性

管理，从最基本的意义来看，一是组织劳动；二是指挥、监督劳动。管理的二重性是指管理的自然属性和社会属性。一方面，管理是由许多人进行协作劳动而产生的，是有效组织共同劳动所必需的，具有同生产力和社会化大生产相联系的自然属性；另一方面，管理又体现着生产资料所有者指挥劳动、监督劳动的意志，因此，它又有同生产关系和社会制度相联系的社会属性。从管理活动过程的要求来看，既要遵循管理过程客观规律的科学性要求，又要体现灵活协调的艺术性要求，这就是管理所具有的科学性和艺术性。

管理的二重性反映出管理的必要性和目的性。必要性，就是指管理是生产过程固有的属性，是有效地组织劳动所必需的；目的性，就是指管理直接或间接地同生产资料所有制有关，反映生产资料占有者组织劳动的基本目的。

1. 管理的自然属性

管理是由人类活动的特点所产生的，人类的任何社会活动都必定具有各种管理职能。管理是人类社会活动的客观需要。

管理是由社会分工所产生的社会劳动过程的一种特殊职能。但就管理职能本身而言，由于社会的进化和人类分工的发展，早在原始社会就已经有专门从事管理职能的人从一般社会劳动过程中分离出来，就如同有人专门从事围猎，有人专门从事进攻，有人专门从事农业一样。

管理是生产力。任何社会、任何企业，其生产力是否发达，都取决于它所拥有的各种经济资源或各种生产要素是否得到有效的利用，取决于从事社会劳动的人的积极性是否得到充分的发挥，而这两者都有赖于管理。在同样的社会制度下，企业外部环境基本相同，有不少企业其内部条件如资金、设备、能源、原材料、产品及人员素质和技术水平基本类似，但其经营结果、所达到的生产力水平却相差很大。同一个企业有时只是更换了主要领导，就可能出现新的面貌。其他社会组织也有类似情况，其原因也在于管理。由于不同的领导人采用了不同的管理思想、管理制度和管理方法，就会产生完全不同的效果。这样的事例不胜枚举，从而证明管理也是生产力。科学技术是生产力，但科学技术的发展本身需要有效的管理，并且也只有通过管理，科学技术才能转化为生产力。

管理的上述性质并不以人的意志为转移，也不因社会制度意识形态的不同而有所改变，这完全是一种客观存在，所以称之为管理的自然属性。

2. 管理的社会属性

管理是为了达到预期目的所进行的具有特殊职能的活动。在人类漫长的历史中，管理从来就是为统治阶级、为生产资料的拥有者服务。管理也是一定社会生产关系的反映。企业的管理，以至各种社会组织的管理都不会排除在外。在我国，公有制的实现形式正向多样化方向发展，股份制、股份合作制及其他有效的资本组织形式，正在被越来越多的企业所采用，所有权和经营权分离已成为国有企业改革的目标之一。企业管理的形式正在发生急剧的变化，但管理的社会属性并未发生根本性的改变。从总体上看，在社会主义社会中，社会主义国家的企业及其他社会组织的管理都是为人民服务的，管理的预期目的都是使人与人之间的关系以及国家、集体和个人之间的关系更加协调。所以，在社会主义条件下，管理的社会属性与资本主义社会条件下根本不同。

二、企业管理

（一）企业管理的概念及目的

1. 企业管理的概念

企业涉及工业、商业等产业领域，是指为人类求生存所应运而生的一种“社会机构”。企业管理是对企业生产经营活动进行计划、组织、指挥、协调和控制等一系列活动的总称，是社会化大生产的客观要求。企业管理的目的是尽可能地利用企业的人力、物力、财力、信息等资源，实现“多、快、好、省”的目标，取得最大的投入产出效率。随着生产精细化的发展，分工越来越细，生产专业化程度不断提高，生产经营规模不断扩大，企业管理也就越来越重要，科学化管理成为培育企业核心竞争力、实现企业可持续发展的重要途径。

构成企业的要素，有7M，即人员（Men）、金钱（Money）、方法（Methods）、机器（Machines）、物料（Material）、市场（Market）及工作精神（Morale）。各要素中又包含若干个管理项目，如人员有工作评价、职位分类、人事及工资管理等；资金有预算控制、成本分析、财务管理等；方法有生产计划及控制、动作和时间研究、质量控制、作业研究等；机器有设备布置、机器保养及安全生产等；物料有物料采购及搬运、库存控制等；市场有市场研究、销售管理等；工作精神有办公室关系、人群关系、工作效率等。

2. 企业管理的目的

企业管理的基本目的在于提高工作效率，工作效率可以表述为：

$$工作效率=工作成果\div工作标准$$

工作成果，是指完成某项工作的实际数量、实际品质、实际速度及实际成本；工作标准，是指从事某项工作前所预定的具体化目标，是将目标以数量或其他方式表示出来。

为提高工作效率，必须提高工作成果，想提高工作成果，则必须达成下列要求：

第一，达成预定的产品数量。事先确定一个合理的数量标准，使全体员工以此为目标，并奋力实现。要据此严格考核员工的工作效率，并采取有效的矫正措施。

第二，达成预定的产品品质。依据科学方法，事先制定工作所应达成的品质标准，使员工以此为目标努力实现。若不能达成此目标，则应采取矫正措施。

第三，如期完成任务。对每件工作，应事先安排其进度表，使员工以此为目标，在工作中采取一切有效措施，切实按此进度如期完成任务。

第四，减少费用支出。为降低成本，应减少费用支出。但减少费用支出，并非仅从表面数字着眼，也不可不顾实际需要，硬性核减各种支出数字，而应考虑此项数字是否有支出的必要。

（二）企业管理的基本特征

企业管理不同于一般的管理，有其自身的特征。

1. 企业管理是一种文化和社会现象

企业管理是一种文化现象和社会现象，这种现象的存在必须具备两个条件：两个人以上的集体活动、一致认可的目标。在人类的社会生产活动中，多人组织起来，进行分工，会达到单独活动所不能达到的效果。只要是多人共同活动，都需要通过制订计划、确定目标等活动来达到协作的好处，这就需要管理。因此，管理活动存在于组织活动中，或者说管理的载体是组织。

组织的类型、形式和规模可能千差万别，但其内部都含有五个基本要素，即人（管理的主体和客体）、物（管理的客体、手段和条件）、信息（管理的客体、媒介和依据）、机构（反映了管理上下左右分工关系和管理方式）、目的（表明为什么要有这个组织）。外部环境对组织的效果与效率有很大影响，外部环境一般包含：行业、原材料供应、财政资源、产品市场、技术、经济形势、社会文化等要素。一般认为，组织内部要素是可以控制的；组织外部要素是部分可以控制（如产品市场），部分不可以控制的（如国家政策）。

2. 企业管理的主体是管理者

管理是让别人和自己一同去实现既定的目标，管理者就要对管理的效果负重要责任。管理者的第一个责任是管理一个组织，第二个责任是管理管理者，第三个责任是管理工作和工人。

企业管理者在企业生产活动中处于领导地位，具有特殊重要的作用。他们独立于企业的资本所有者，自主地从事企业经营活动，是企业的最高决策者和各项经营活动的统一领导者，其职能如下：

（1）确立企业的目标与计划

企业管理都有其既定的最终目标。在一定时期内，为了实现企业的目标，就要使之具体化，形成企业经营目标。企业经营目标可分为长期目标与短期目标，总体目标与部门目标。企业经营者通过确立企业的目标和计划来统一企业全体成员的思想和行动，引导企业通过最有利的途径来实现其既定的目标。

作为企业经营者来说，要正确制定企业的目标和计划，必须正确分析和判断企业的各种环境因素，善于估量市场的需求趋势、竞争企业的特点和企业自身的优势和劣势，能及时抓住有利的投资机会，巧妙地回避可能出现的风险，并善于利用企业各级主管人员的经验和智慧，做出最佳决策。

（2）建立和健全企业的组织机构

建立和健全企业的组织结构，充分发挥其各自作用，并保证企业整体发挥最大的效率，是实现企业目标的手段。因此，任何企业的组织机构都必须适应企业目标或任务的需要，而且还需要不断地健全和完善。

（3）配备重要的企业主管人员

企业经营者必须充分重视人才的质量，首先，就要重视人才的选拔；其次，必须重视人才的考核与评价，因为它是人才的选拔、提升、确定报酬和奖励的依据，否则容易挫伤员工的工作积极性，此项工作必须经常化；最后，必须充分重视人才的培训，它是人才选拔、提升的可靠基础。

（4）实现对企业全局的有效领导

一个优秀的经营者必须同时是一个优秀的领导者，这就要求经营者学会运用诱因去激励下属人员的行为动机，使其心甘情愿、满腔热情地为企业的共同目标而努力。

（5）实现对企业经营全局的有效控制

企业经营者在确定企业的目标和计划后，就要发动和指挥企业全体成员去执行这些既定的目标和计划，其控制的职能就在于保证人们的执行活动始终不会偏离目标和计划的要求，从而保证其得以顺利实现。

（6）实现对企业经营整体的有效协调

企业的经营活动是由众多相互联系的部门、环节和因素构成的统一体，客观上存在着一定的相互制约关系。在经营过程中，有可能出现这样或那样的矛盾，使这种相互关系出现不协调的现象。作为经营者来说，其协调职能就是要设法解决这些矛盾，保证企业的生产活动始终处于协调状态，从而保证企业计划和预期目标能顺利实现。

第三节 企业的目标与责任

一、企业的目标

企业的目标，是企业在一定时期内要达到的目的和要求，一般用概括的语言或数量指标加以表示，如发展生产、扩大市场、革新技术、增加盈利、提高职工收入和培训职工等方面的要求，都要用目标表示出来。一个企业，要实现一定的目的和追求，通常是将这些目的和追求转化为在一定时期内要达到的规定性成果目标，并通过达到这些成果去实现企业的目的。

目标对于人们开展活动具有引导和激励作用。它可以统一和协调人们的行为，使人们的活动有明确的方向；可以激发人们的努力；可以衡量人们的工作成绩。对一个企业来说，如果没有明确的目标，企业的生产经营活动就会没有方向，管理就会杂乱无章，企业就不能获得良好的收益。

企业目标一般通过一定的规定性项目和标准来表达，它可以定性描述，也可以定量描述。任何目标都是质和量的统一体。对目标进行定性描述，可以阐明目标的性质与范围；对目标进行定量性描述，可以阐明目标的数量标准。企业的目标往往是一个目标体系，其目标内容是多元的，是以一定的结构形式存在的。从目标的结构看，企业目标可分为主要目标和次要目标，长期目标和短期目标，定性目标和定量目标。企业在一定时期内所要达到的目标习惯上划分为企业对社会的贡献目标、市场目标、利益与发展目标、成本目标和人员培训目标等方面，具体表现为产品品种、产量、质量、固定资产规模、市场占有率、利润额、上缴税金和福利基金等方面的目标。

企业目标主要包括五点。

（一）社会贡献目标

社会贡献目标是现代企业的首要目标。企业能否生存，取决于它是否能取得较好的经济效益，对社会有所贡献。企业能否发展，取决于企业生产的产品满足社会需要的程度。企业对社会的贡献是通过它为社会创造的实物量和价值量来表现的。因为企业之所以能够存在和发展，是由于它能够为社会做出某种贡献，否则，它就失去了存在价值。所以，每个企业在制定目标时，必须根据自己在社会经济中的地位，确定其对社会的贡献目标。企业对社会的贡献，是通过为社会创造的使用价值和价值表现的，因此，贡献目标可以表现为产品品种、质量、产量和缴纳税金等。

（二）市场目标

企业的生产经营活动与市场紧密联系，确定市场目标是企业经营活动的重要方面。广阔的市场和较高的市场占有率，是企业进行生产经营活动和稳定发展的必要条件。因此，企业要千方百计地扩大市场销售领域，提高市场占有率。

市场目标可用销售收入总额来表示。为了保证销售总额的实现，企业还可以以制定某些产品在地区的市场占有率作为辅助目标。企业经营能力的大小，要看其占有市场的广度和深度以及市场范围和市场占有率的大小。市场目标既包括新市场的开发和传统市场的纵向渗透，也包括市场占有份额的增加。对具备条件的企业，应把走向国际市场、提高产品在国外市场的竞争能力列为一项重要目标。

（三）利益与发展目标

利益目标是企业生产经营活动的内在动力。利益目标直接表现为利润总额、利润率和由此所决定的公益金的多少。利润是销售收入扣除成本和税金后的差额。无论是企业的传统产品还是新产品，其竞争能力都受到价格的影响。企业为了自身的发展和提高职工的物质利益，必须预测出未来各个时期的目标利润。企业要实现既定的目标利润，应通过两个基本途径：一是发展新产品，充分采用先进技术，创名牌产品，取得高于社会平均水平的利润；二是改善经营管理，薄利多销，把成本降到社会平均水平之下。对企业来说，前者需要较高的技术，难度较大，而后者能够保持较高的市场占有率和长期稳定的利润率，并给消费者带来直接利益。所以，目标利润是带有综合性的指标，它是企业综合效益的表现。

（四）成本目标

成本目标，是指在一定时期内，为达到目标利润，在产品成本上达到的水平。它是用数字表示的一种产品成本的发展趋势，是根据所生产产品的品种数量、质量、价格的预测和目标利润等资料来确定的，是成本管理的奋斗目标。确定目标成本时，要对市场的需要、产品的售价、原材料、能源、包装物等价格的变动情况和新材料、新工艺、新设备的发展情况进行分析，结合企业今后一定时期内在品种、产量、利润等方面的目标，以及生产技术、经营管理上的重要技术组织措施，从中找出过去和当前与成本有关的因素，取得必要的数据，根据这些数据和企业本身将要采取的降低成本的措施，制定出近期和远期的目标成本。

（五）人员培训目标

提高企业素质的一个重要方面是提高员工的业务、技术、文化素养。要使员工具有专业技术的开发能力，就要在员工培训上下功夫。企业的经营方针和目标明确以后，需要有相应素质的人来实施完成。所以，企业一定时期的员工培养目标是保证各项新技术和其他各个经营目标实现的根本条件。

企业目标具体项目和标准的确定，要考虑企业自身的状况和企业的外部环境，处理好企业内外部的各种关系。企业制定目标时，必须让员工知道他们的目标是什么，什么样的活动有助于目标的实现，以及什么时候完成这些目标，而且目标应该是可考核的。

二、企业的责任

（一）企业责任的概念

企业责任是指企业在争取自身的生存发展的过程中，面对社会的需要和各种社会问题，为维护国家、社会和人类的利益，所应该履行的义务。

企业作为一个商品生产者和经营者，它的义务就是为社会经济的发展提供各种所需要的商品和劳务。它的身份和地位，决定了在国民经济体系中它必须对国家、社会各方面承担相应的责任。

（二）企业责任的主要内容

1. 企业对员工的责任

企业在生产经营活动中使用员工的同时，要肩负保护劳动者人身安全，培养和提高员工文化、技术等多方面，保护劳动者合法权益等责任。

2. 企业对社区的责任

企业有维护所在社区正常环境、适当参与社区教育文化发展、环境卫生、治安事务、支持社区公益事业等责任。

3. 企业对生态环境的责任

在生态环境问题上，企业应当为所在的社区、区域、国家或社会，乃至全人类的长远利益负责任。要维护人类的生态环境，适应经济社会的可持续发展。企业作为自然资源（能源、水源、矿产资源）的主要消费者，应当承担起节约自然资源、开发资源、保护资源的责任。企业应当防止对环境造成污染和破坏，整治被污染破坏的生态环境。

4. 企业对国家的责任

企业对国家的责任涉及社会生活经济、文化等各个领域，包括企业对国家大政方针、法律政策的遵守；遵守国家关于财务、劳动工资、物价管理等方面的规定，接受财税、审计部门的监督；自觉照章纳税；管好、用好国有资产，使其保值增值等。

5. 企业对消费者和社会的责任

企业向消费者提供的产品和服务，应能使消费者满意，并重视消费者即社会的长期福利，致力于社会效益的提高，如向消费者提供商品、服务信息，注意消费品安全，强调广告责任，维护社会公德。

第四节　企业管理基本原理

一、系统原理和分工原理

（一）系统原理

系统是由两个或两个以上相互区别又相互联系、相互作用的要素组成的，具有特定功能的有机整体。一般来说，系统具有整体性、相关性、目的性、层次性、环境适应性等特点。系统本身又是它从属的一个更大系统的组成部分。从管理的角度看，系统具备以下基本特征：

1. 目的性

任何系统的存在，都是为了一定的目的，为达到这一目的，必有其特定的结构与功能。

2. 整体性

任何系统都不是各个要素的简单集合，而是各个要素按照总体系统的同一目的，遵循一定规则组成的有机整体。只有依据总体要求协调各要素之间的相互联系，才能使系统整体功能达到最优。

3. 层次性

任何系统都是由分系统构成，分系统又由子系统构成。最下层的子系统是由组成该系统基础单元的各个部分组成。

4. 独立性

任何系统都不能脱离环境而孤立存在，只能适应环境，只有既受环境影响，又不受环境左右而独立存在的系统，才是具有充分活力的系统。

5. 开放性

管理过程必须不断地与外部社会环境交换能量与信息。

6. 交换性

管理过程中各种因素都不是固定不变的，组织本身也存在变革。

7. 相互依存性

管理的各要素之间是相互依存的，而且管理活动与社会相关活动之间也是相互依存的。

8. 控制性

有效的管理系统必须有畅通的信息与反馈机制，使各项工作能够及时有效地得到控制。

（二）分工原理

分工原理产生于系统原理之前，但其基本思想却是在承认企业及企业管理是一个可分的有机系统前提下，对企业管理的各项职能与业务按照一定标准进行适当分类，并由相应的单位或人员来承担各类工作，这就是管理的分工原理。

分工是生产力发展的要求，分工的主要好处如下：

1. 分工可以提高劳动生产率

劳动分工使工人重复完成单项操作，从而提高劳动的熟练程度和劳动生产率。

2. 分工可以减少工作损失时间

劳动分工使工人长时间从事单一的工作项目，中间不用或减少变换工作，从而减少工作损失时间。

3. 分工有利于技术革新

劳动分工可以简化劳动，使劳动者的注意力集中在一种特定的对象上，有利于劳动者创造新工具和改进设备。

4. 分工有利于加强管理

在将管理业务从生产现场分离出来之后，随着现代科学技术和生产的不断发展，管理业务也得到了进一步的划分，并成立了相应的职能部门，配备了有关专业人员，从而提高了管理工作效率。

分工原理适用范围广泛。从整个国民经济来说，可分为工业、农业、交通运输、邮电、商业等部门；从工业部门来说，可按产品标志进行分工，设立产品专业化车间；也可按工艺标志进行分工，设立工艺专业化车间。在工业企业内部还可按管理职能不同，将企业管理业务分解为不同的类型，分别由相应的职能部门去从事，从而提高管理工作效率，使企业处于正常、不断良好运转的状态。

分工要讲究实效，要根据实际情况进行认真分析，实事求是。一般企业内部分工既要职责分明，又要团结协作，在分工协作的同时要注意建立必要的制约关系。分工不宜过细，界面必须清楚，才能避免推诿等现象的出现。在专业分工的前提下，按岗位要求配备相应技术人员，是企业产品质量和工作质量得到保证的重要措施。在做好劳动分工的同时，还要注意加强对职工的技术培训，以适应新技术、新方法不断发展的新要求。

二、弹性原理和效益原理

（一）弹性原理

弹性原理，是指企业为了达到一定的经营目标，在企业外部环境或内部条件发生变化时，有能力适应这种变化，并在管理上所表现出的灵活的可调节性。现代企业是国民经济巨系统中的一个系统，它的投入与生产都离不开国民经济这个巨系统。其所需要的生产要素由国民经济各个部门向其投入，所生产的产品又需要向其他部门输出。可见，国民经济巨系统乃是企业系统的外部环境，是企业不可控制的因素，而企业内部条件则是企业本身可以控制的因素。当企业外部环境发生变化时，企业可以通过改变内部条件来适应这种变化，以保证达到既定的经营目标。

（二）效益原理

效益原理，是指企业通过加强管理工作，以尽量少的劳动消耗和资金占用，生产出尽可能多的符合社会需要的产品，不断提高企业的经济效益和社会效益。

提高经济效益是社会主义经济发展规律的客观要求，是每个企业的基本职责。企业在生产经营管理过程中，一方面要努力降低消耗、节约成本；另一方面要努力生产适销对路的产品，保证质量，增加附加值。从节约和增产两个方面提高经济效益，以求得企业的生存与发展。

企业在提高经济效益的同时，也要注意提高社会效益。经济效益与社会效益是一致的，但有时也会发生矛盾。一般情况下，企业应从大局出发，满足社会效益，在保证社会效益的前提下，最大限度地追求经济效益。

三、激励原理和动态原理

（一）激励原理

激励原理，是指通过科学的管理方法激励人的内在潜力，使每个人都能在组织中尽其所能，展其所长，为完成组织规定的目标而自觉、努力、勤奋地工作。

人是生产力要素中最活跃的因素，创造团结和谐的工作环境，满足职工不同层次的需求，正确运用奖惩办法，实行合理的按劳分配制度，开展不同形式的劳动竞赛等，都是激励原理的具体应用，都能较好地调动人的劳动热情，激发人的工作积极性，从而达到提高工作效率的目的。

激励理论主要有需要层次理论、期望理论等。严格地说，激励有两种模式，即正激励和负激励。奖励对工作业绩有贡献的个人，在更大程度上调动其积极性，使其完成更艰巨的任务，属于正激励；对因个人原因而使工作失误且造成一定损失的人实行惩罚，迫使其吸取经验教训，做好工作，完成任务，属于负激励。在管理实践中，按照公平、公正、公开、合理的原则，正确运用这两种激励模式，可以较好地调动人的积极性，激发人的工作热情，充分挖掘人的潜力，从而使他们把工作做得更好。

（二）动态原理

动态原理，是指企业管理系统随着企业内外环境的变化而不断更新自己的经营观念、经营方针和经营目标，为达此目的，必须相应改变有关的管理方法和手段，使其与企业的经营目标相适应。企业发展，事业进步，管理跟得上，关键在更新。运动是绝对的，不动是相对的，因此，企业既要随着经营环境的变化，适时地变更自己的经营方法，又要保持管理业务上的适当稳定，没有相对稳定的企业管理秩序，也就失去了高质量的管理基础。

在企业管理中与此相关的理论还有矛盾论、辩证法，好与坏、多与少、质与量、新与老、利与弊等都是一对矛盾的两个方面，在实际操作过程中，要运用辩证的方法，正确、恰当地处理矛盾，使其向有利于实现企业经营目标的方向转化。

四、创新原理和可持续发展原理

（一）创新原理

创新原理，是指企业为实现总体战略目标，在生产经营过程中，根据内外环境变化的实际，按照科学态度，不断否定自己，创造具有自身特色的新思想、新思路、新经验、新方法、新技术，并加以组织实施。

企业创新，一般包括产品创新、技术创新、市场创新、组织创新和管理方法创新等。产品创新主要是提高质量，扩大规模，创立名牌；技术创新主要是加强科学技术研究，不断开发新产品，提高设备技术水平和职工队伍素质；市场创新主要是加强市场调查研究，提高产品市场占有率，努力开拓新市场；组织创新主要是企业组织结构的调整要切合企业发展的需要；管理方法创新主要是企业生产经营过程中的具体管理技术和管理方法的创新。

（二）可持续发展原理

可持续发展原理，是指企业在整个生命周期内，随时注意调整自己的经营战略，以适应变化了的外界环境，从而使企业始终处于兴旺发达的发展阶段。现代企业追求的目标，不是企业一时的兴盛，而是长盛不衰。这就需要按可持续发展的原理，从历史和未来的高度，全盘考虑企业资源的合理安排，既要保证近期利益的获取，又要保证后续事业得到蓬勃发展。

第五节　大数据与企业管理的关系

一、大数据对企业管理的影响

数据分析对管理的重要性，在《孙子兵法》中已有深刻的认识："夫未战而庙算胜者，得算多也。"数据始终贯穿在管理的计划、组织、领导、控制和创新中。在进入大数据时代后，如何更好地利用信息爆炸时代产生的海量数据为管理服务和利用数据创造财富是不可回避的命题。管理决策日益基于数据和分析而做出，而并非基于经验和直觉，对企业正确地制订发展计划与合理安排企业资源有重要的意义。其中，预测在企业中有重要的意义，在大数据时代，预测的准确度或许能够更上一个台阶，进而促进企业健康发展。

（一）大数据对企业管理思想的影响

大数据时代的来临改变了企业的内外部环境，引起了企业的变革与发展。企业越来越智能化，管理实现了信息化。企业中的数据收集、传输、利用需要现代管理思想的支撑。

大数据环境下的企业管理应当以人为本，在实践的基础上运用现代信息化技术，采用柔性管理，将数据当作附加资产来看待。企业运营离不开数据的支撑，企业管理当中如果不能够深刻认识到大数据的重要性，仅仅以公司短期盈利作为目标，是缺乏战略性的思考。有效地利用数据分析结果，提前进行预测，抓住市场先机、顾客需求，就能主动赢得市场，才能在企业管理与销售业绩上创造出更大的财富。

（二）大数据对企业管理决策的影响

大数据背景下数据的分析利用是企业决策的关键。首先，大数据的决策需要大市场的数据。基于云计算的大数据环境影响到企业信息收集方式、决策方案选择、决策方案制订和评估等决策实施过程，对企业的管理决策产生影响。大数据决策的特点体现在数据驱动型决策，大数据环境下的管理决策对于企业不仅是一门技术，更是一种全新的决策方式、业务模式，企业必须适应大数据环境对管理决策的新挑战。

其次，大数据对决策者和决策组织提出了更高的要求。大数据时代改变了过去依靠经验管理理论和思想的决策方式。管理决策层根据大数据分析结果发现和解决问题，预测机遇与挑战，规避风险。这就要求决策层具有较高的决策水平。由于大数据背景下需要企业全员的参与，动态变动环境下，决策权力更加分散才有利于企业做出正确的决策。这就要求企业的组织更加趋于扁平化。

（三）大数据对企业人力资源管理的影响

人力资源是企业中最宝贵的资源，是企业创造核心竞争力的基础。基于大数据技术，企业将大大提高人力资源管理的效率和质量，有效地加快人力资源工作从过去的经验管理模式向战略管理模式的转变。

公司从员工招聘到绩效考核与培训，积累了大量的各类非线性数据，这些数据都是无形的资产，利用大数据技术，将这些数据进行整合分析利用，能够为企业做出巨大贡献。首先，在员工招聘上，只须将单位用人要求与员工各项能力数据相匹配，结合人力资源招聘的经验，便可轻松选出符合要求的员工；其次，在绩效考核上，进行标准化管理，将员工日常的各类数据进行分析，设定等级标准，即可得出客观公正的考核结果。这大大排除了绩效管理的主观性与不全面性；最后，根据大数据的分析结果，针对不同员工区别培训，更有效率地提高了培训水平。

（四）大数据对企业财务管理的影响

大数据使财务管理的模式和工作理念颠覆性地改变。首先，财务管理更加稳健。公司将各类财务数据在大数据技术下进行发掘，提纯出更多有用的财务信息，及早地发现财务风险，为管理决策者提供重要的决策依据，做出正确的决断；其次，财务数据的处理更加及时高效。财务数据在企业日常运营当中举足轻重，企业的各项交易都依赖于财务数据的分析，企业基于大数据，通过对财务数据的分析和处理，能够改进财务管理工作的运行模式，并且是有效率的，企业资金资本运作成本降低和压缩了，利润相应提高了。企业资源积累最丰富的、最基础的财务数据，通过大数据技术对其进行整理和分析，实现了企业价值增值。

综上所述，大数据影响着企业管理的诸多方面，大数据时代的到来对企业管理来说，既是机遇又是挑战。

二、大数据时代企业管理的机遇

（一）从大数据中充分及时地挖掘顾客的需求

大数据的出现使得人们不再需要通过调查问卷等形式来了解客户群，对大数据的利用和整合使得人们能清楚地看到顾客的偏好。比如，在网络购物盛行的今天，我们经常在邮箱中收到根据我们的偏好所推荐的产品等信息，而这些偏好信息从哪里来，当然是根据我们在网络购物中所浏览的产品、收藏的产品以及订单购买的产品。而商家通过网络平台，可以很轻易地收到这些信息，根据这些信息，不仅可以向顾客推荐降价优惠产品，也可以调整自己的生产库存量、产品设计倾向，还可以在顾客的消费评价中找到需要改进的地方。这种情况既方便了消费者，又为商家提供了一条捷径。

（二）针对客户的需求和评价随时对产品做出改进

对大数据的应用和分析可以使生产者了解到顾客需要什么以及什么时候需要，针对他们对已购买商品的评价可以对已生产的产品做出改进，针对产品需求的发展趋势可以做出新的产品设计。最重要的是，这些信息通过大数据是可以及时收集到的。所以，在现代的消费者导向市场，对大数据的应用更是势在必行。当然，大数据对于生产者的有用性，不仅适用于线上产品生产商，同时也适用于线下产品生产商。也就是说，获取大数据信息既可以通过直接的途径，也可以通过间接的途径。

（三）寻找新的市场和商业机会

通过利用大数据，企业甚至可以预知顾客尚未提出的需求，而这通过企业掌握的数据模式和回归分析即可实现。大数据也可以帮助企业发现哪个市场适合首先推出新产品。

（四）高效节约的组织管理企业

通过对企业所掌握的大数据的分析，可以轻易地发现组织管理中效率较低的地方，从而改进目前的管理制度设计和方法，使得企业管理变得更加高效。特别是在物流业中，将道路状况、交通信息和天气条件以及客户的位置结合起来进行配送安排，可以大大减少资源的浪费。

（五）加强企业风险管理

对企业经营的各个过程进行风险预测、风险监督和风险控制是企业管理的一个重要方面。利用大数据，可以针对企业的生产经营以及接触的客户或供应商确定其风险类别。特别是在保险业，对大数据的应用可以确定客户在未来可能的损失，帮助保险公司以恰当的价格和时间范围为客户提供恰当的产品，并降低索赔成本和避免客户骗保行为。当然，在除了保险业以外的其他行业，该项技术应用都是非常有用的，对向外界提供贷款的金融行业来说，利用大数据对客户进行全方面分析，也是当务之急。

三、大数据在企业管理中的具体应用

（一）真正实时地了解客户

在过去，企业普遍通过采用小组讨论和调查问卷的方式找出客户在哪里。而当调查结果总结出来时，结果往往已经是过时的了。而利用大数据，这种状况将不再发生。大数据能够帮助企业完全勾勒出其客户的行为和需求信息。充分了解客户是有效地与客户达成生意合作的关键。当然，企业要确保客户的隐私不受威胁，大数据可以为企业提供针对个体客户的十分个性化的见解。使用互连的社交媒体数据、移动数据、网络分析和其他数据分析，企业可以充分了解每一位客户，实时地知道他们想要什么，以及何时想要。

真正了解客户，意味着可以结合客户的个性化特点，给出有针对性的建议或显示广告。亚马逊已然将这一点做到了极致，他们为客户推荐的产品绝不是一个巧合。亚马逊的推荐引擎完全是基于客户在过去一段时间的购买行为所做的：客户的购物车中所收藏的商品、客户喜欢的商品、其他用户浏览或购买的商品。

（二）企业共同创建、实时改进和创新产品

大数据分析可以帮助企业更好地了解客户想要的产品。通过从社会媒体和博客上收集人们如何评价某款产品，能够为企业提供比传统的问卷调查更多的信息。特别是这些信息是实时收集到的，企业可以立即有针对性地对可能存在的问题做出改进。这样不仅可以很好地评估产品，同时，还能够收集到不同人口群体或不同地方的人对于某款产品的评价。大数据还可以帮助企业同时进行数以千计的实时模拟，测试新产品或改进的数字化产品。利用可扩展的计算机资源，结合仿真算法，可以在同一时间运行和测试成千上万的不同的变化。每个设计只需要一点点的调整，仿真程序可以结合所有的小改动，显示一款产品的改进。

（三）确定企业面临的风险有多大

确定企业所面临的风险是今天企业业务的一个重要方面。为了确定一个潜在的客户或

者供应商的风险，需要对客户或供应商进行特定的归类，每位客户或供应商都有自己的风险水平。更多的时候，如果客户或供应商被归类到一个错误的类别，无疑将导致错误的风险。利用大数据可以针对每位客户或供应商过去和现在的实时数据有针对性地确定风险类别。

特别是在保险业，预测分析可以用来确定一个客户在未来可能花费多少钱。可以帮助保险公司以最为正确的价格在最为恰当的时间、地点为客户提供最为恰当的保险产品，以确保降低索赔成本和避免顾客欺诈骗保行为。利用大数据技术，如模式识别、回归分析、文本分析、社会数据聚集和情感分析（通过自然语言处理或监控社会媒体）360 度无死角地考察一位潜的地客户。这种整体的分析可以显著地降低风险。这样一个 360 度的分析，当然也可以被用来确定一个新的或现有的供应商的潜在风险。这项任务对许多金融机构来说，可谓是未来几年工作的当务之急。

（四）个性化网站和针对个人客户提供实时的定价

企业曾经采用劈裂试验（split-test）和 A/B 测试以确定客户的最佳布局。利用大数据，将永远改变这一过程。网络数据可以实时地分析。这将使企业有一个流体系统的外观、感觉和布局变化，反映多种影响因素。可以收集每位客人所希望的网站需求，进而为其专门定制一个网站。客户一个星期或一个月后再次访问，可能会看到一个根据其之前的人性化要求所专门定制的完全不同的网站。

（五）改善服务支持客户

利用大数据，可以远程监控机器，查看机器的运行情况。使用远程信息处理，能够对机器的各个不同部分进行实时监测。数据将被发送给制造商，进行实时的存储分析。每个振动、噪声或错误均会自动检测，当算法检测到正常运行的偏差，服务支持将发出警告。机器甚至可以被安排在不使用时自动维护。当工程师来维修机器时，他可以利用所有可获得的信息准确地知道应该进行哪些维修工作。

（六）寻找新的市场和新的商业机会

政府部门越来越多地利用各种政策来刺激企业利用和收集大量开放数据。通过分析企业已经掌握的数据模式和回归分析，会发现客户自己尚不知道的需求和愿望。大数据也可以帮助企业发现在哪个市场推出首款产品，或在哪里放置产品更为合适。丹麦的一家能源公司维斯塔斯风力系统使用大数据和分析，找到了世界上最好的使用风力涡轮机的地方。

（七）更好地了解竞争对手，行动在对手之前

所谓知己知彼，百战不殆。充分了解竞争对手，分析竞争对手当下的状况，将为企业提供一个有价值的开端。使用大数据分析算法能够找出竞争对手产品价格的变化，从而自动改变自己的价格以及保持竞争力。也可以监测竞争对手的其他行为，如自动跟踪对手的新产品或促销活动。这么多的数据对企业和竞争对手来说都是开放的数据，因此，竞争对手自然也可以跟踪到自己企业的数据。

（八）更有效地组织企业以节省资金

通过分析企业所掌握的所有的数据，可以更好地组织企业各个部门。特别是使用新的大数据源，可以使供应链中的物流业变得更高效。卡车内的电子车载录像机可以告诉我们车在哪里，拖车和分销的帮助负载的卡车就可以更有效地结合道路状况、交通信息和天气条件以及客户的位置进行运送，大大节省时间和金钱。

上述用例仅仅只是大数据的巨大潜能的一小部分。这些例子也同时表明了利用大数据有无穷的机会。“大数据存在着巨大的商业价值，但目前大多数数据都被浪费了。”每家企业都有不同的需求，并且需要采用不同的大数据分析方法。

四、大数据在企业管理中的应用

大数据的兴起会颠覆既有的企业管理体系。简单地来说，大数据就是打破存储壁垒，对企业多年积累的业务、财务、市场和人事等方面的信息进行深入挖掘和分析，从而发现阻碍业务发展的症结所在，进而对症下药，解决问题。

（一）财务管理中大数据的应用

在大数据时代，首席财务官的工作职责已经从管理财务延伸到企业整体绩效的提升。他们可以利用各种数据分析工具对企业进行分析，从而将有限的资源配置在高增长领域，并且制定行之有效的财务流程对企业进行现金流管理、兼并管理及风险管理等。

以前，企业在大力推行财务管理的信息化和标准化时，主要强调内部统一标准的建立，以确保财务和业务信息的统一。但在大数据的条件下，由于数据采集和分析的工具更为先进，在数据格式不统一的情况下仍能对其进行高效分析，这也就为原本信息基础架构很差的企业提供了转型升级的机会。

此外，在大数据时代，企业财务转型升级的大势所趋是管理会计与财务会计的融合。如今在数据环境下，财务领域的不断崛起会是企业在激烈的市场竞争中的最强有力的支撑

者，而财务也是最善于从大数据里发现未来发展机遇和趋势的开拓者。管理会计与财务会计的融合必能使财务成为数据挖掘利用的强者，一方面为企业经营管理者做出决策提供科学依据；另一方面也为企业面对大数据的冲击提供了有力武器。

（二）人力资源管理中大数据的应用

全球范围内大数据处理技术应用的迅猛增长，将整个社会推动进入大数据时代。而大数据处理技术本身也将成为中国人力资源管理与招聘行业制胜的重点。近年来，在人力资源管理与招聘行业中，以大数据技术为支撑的产品和解决方案在全球范围得到了快速增长。人力资源行业企业开始通过出售经过分析处理的商业报告来获取收益，这种新的商业模式的出现就是基于对商品化的大数据的应用。与此同时，人力资源管理与招聘行业的大数据处理技术还得到了一些欧美政府部门的注意。据此，伴随大数据时代的来临，中国的人力资源管理与招聘行业也会告别过去依靠市场投入驱动增长的粗放发展模式，进入以技术竞争，尤其是以大数据技术为代表的高壁垒竞争时代，从而使这个行业的发展更加成熟。

事实证明，利用大数据下研发的智能系统可以帮助人力资源管理从经验模式逐步转化为事实数据模式，从而让人力测评逐渐由主观经验测评转向数据建模测评，测评结果也将更加客观可靠。而所谓的大数据人力资源智能系统，它主要解决的问题是利用数据对整个人力资源过程进行控制分析，即通过建立一系列基于企业人力资源管理过程的数据分析模型，利用智能系统强大的分析统计功能和丰富的展现形式等特点，实现对企业人力资源管理分析决策的支持。这个人力资源智能系统可以通过其多维数据仓库功能进行数学建模，提高人力资源管理决策分析效率，使得人力资源管理体系能够不断找到问题所在，从而不断进行调整和优化，以更好地支撑企业发展和满足企业整体发展战略的需要。

在数据爆发的时代背景下，每个企业都已经重新开始确立自己的定位，将对数据资源的整合及分析归置到核心战略中，并据此衍生出一系列新的产品和服务。各大招聘网站也利用先进的大数据技术，研发出了一系列以社交网络和大数据技术为基础为企业招聘提供服务的产品。也有一些公司通过提供人力资源管理解决方案和行业宏观分析报告，包括将这些方案和报告提供给猎头、企业人力资源管理部门媒体、政府等来获得收益。

（三）大数据在营销管理中的应用

从商业本质上来说，营销的过程就是明确需求、提供价值、完成交易、实现利润的过程。互联网金融的迅速发展，逐渐改变了消费者的消费模式和行为习惯，也迅速改变着传统的商业模式。在大数据时代之前，企业更多的是依靠 CRM 或 BI 系统获得顾客信息、市场促销、广告活动、展览等结构化数据以及企业官网的一些数据，但这些信息只能满足企业日常营销管理需求的10%，并不足以洞察和发现规律。而其他90%的数据是诸如社交媒体数据、邮件数据、地理位置数据、音频视频数据等这些不断增加的信息数据，还有逐渐广泛应用、数据量更大、以传感器为主的物联网信息，以及风起云涌的移动5G互联网信息等，这些都是大数据中所说的非结构性或者被称为多元结构性的数据，它们更多以图片、视频等方式存在，几年前这些数据一直处于被束之高阁无法运用的状态，但如今在大数据能进一步提高算法和机器分析作用的情况下，这类数据在竞争激烈的市场中就日益宝贵起来，它们的作用突出，也能被大数据技术充分挖掘、运用。但目前，虽然大数据展示了非凡的前景和巨大作用，大数据营销仍面临很多问题与挑战。首先面临的问题是技术和工具困境，毕竟大数据技术还处在发展期，各方面技术并不太扎实，各项工具仍需要进一步完善。况且真正启动大数据营销，我们所面临的不仅仅是技术和工具问题，更重要的是要转变经营思维和组织架构，这样才可以真正开始挖掘这座数据金矿。

第二章 企业战略管理

第一节 企业战略管理概述

一、企业战略的概念和特点

（一）企业战略的概念

战略作为一个军事概念，已是相当古老的事了。但是，战略一词被运用于经济和社会领域，还是一个新颖的概念。“战略”一词与企业联系在一起并得到广泛应用的时间并不长，最初出现在西方经济学者切斯特·巴纳德（Chester I. Barnard）的《经理职能》一书中，以说明企业组织决策机制，从企业的各种要素中产生了“战略”因素的构想。企业战略得到广泛的应用是以1965年美国经济学家伊戈尔·安索夫（Igor Ansoff）的著作《企业战略论》的问世，并广泛应用于企业、经济、教育和科研等领域后开始的。

什么是企业战略？在西方战略管理文献中没有一个统一的定义，不同的学者与管理人员赋予企业战略以不同的含义。有的认为，企业战略应包括企业的目的与目标，即广义的企业战略；有的则认为企业战略不应包括这一内容，即狭义的企业战略。

企业战略是一个企业对外部环境充分把握，清楚认识自身的业务能力和可利用资源，在此基础上做出的关于企业未来定位、走向和结构的谋略与规划。战略的制定过程是对环境变迁的反应，是企业把握环境机遇，避免环境变化带来的威胁的趋利避害，寻求企业成长的过程。

通过对企业战略的分析，应该理解：企业生存的理由在于企业能够提供消费者所需要的产品与服务，而不是即使做得很好但消费者已经不再需要的产品与服务。我们生活在一个技术飞速发展，社会生活方式、需求结构与消费结构都在不停变化的时代。企业必须不断改变自己，动态地去适应时代的变革，把事情做好。

（二）企业战略的特点

1. 质变性

企业战略是战略管理者在把握外部环境本质或根本性变化的基础上做出的方向性决策。它不是企业对环境变化的应急反应，也不是以各种经济指标或财务数据为基础的逻辑推理的产物，而是对企业经营活动做出的具有质变性的决策，其目的是要创造未来。

2. 全局性

企业战略是对企业各项经营活动整体的规划。它是以企业的全局为研究对象来确定企业的总体目标，规定企业的总行动，追求企业的总效益。它不是各项活动的简单汇总，而是在综合平衡的基础上，确定优先发展的项目，权衡风险大小，实现企业整体结构和效益的优化。这是企业战略的基本特征。

3. 方向性

企业战略规定着企业未来一定时期内的基本方向，企业短期的经营活动都应在这一基本方向的指导下进行，并对战略的实施提供保障。企业战略不是对经营活动或外部环境短期波动做出的反应，也不是对日常经营活动（如产量、质量、生产成本、竞争者的价格等）做出的反应。战略关心的是“船只航行的方向，而不是眼下遇到的波浪”。

4. 竞争性

企业战略的核心内容之一是要变革自身的经营结构，形成差别优势，以奠定未来竞争的基础。同时，企业战略不仅具有主动适应未来环境变化的功能，还具有改造未来环境的功能。在这方面能力越强，未来的竞争能力也就越强，即战略具有创造性和革新性。

5. 稳定性

依照科学程序制定的企业战略，一般不便轻易调整。对于战略实施过程中出现的多种不确定因素，一般只通过调整具体的战术或策略来解决。

（三）企业战略应解决的问题

1. 发展方向

发展方向是指由企业宗旨或使命所决定的，未来的产品结构和目标市场的发展方向，也称为企业未来的经营范围或经营领域。经营领域就是企业的生产领域和市场领域的组合。其中，市场领域可以是整体市场，也可以是细分市场。

2. 经营结构

经营结构是指由企业的使命和经营领域所决定的各种资源和能力的配置状况。具体又可分为两类，即软结构和硬结构。前者指企业的价值观念、经营思想、企业文化、公共关系等的组合，后者指企业的各种经济资源结构、生产技术结构和组织结构。所以，经营结构实质上反映了企业在一定价值观念和经营思想的指导下，围绕所从事的经营领域采取的资源配置状况。

从以上两个方面，也可以把企业战略理解为企业根据环境和竞争形势的变化，做出的关于企业未来所要从事的经营领域及投入这些领域的方式和强度的决策和行动的总称。

二、企业战略的构成要素

（一）企业的使命和目标

每个企业从建立开始，就应该承担相应的责任并履行相应的使命。企业使命是指企业区别于其他类型组织而存在的原因或目的，它不是企业经营活动具体结果的表述，而是为企业提供一种原则、方向和哲学。

1. 企业宗旨

企业宗旨（或称为企业使命）是关于企业存在的目的或对社会发展的某一方面应做出的贡献的陈述。它不仅要陈述企业未来的任务，而且要阐明为什么要完成这些任务，以及完成任务的行为规范是什么。尽管企业的宗旨陈述在各个企业中是千差万别的，但它必须回答两个基本问题：一是我们这个企业是做什么和按什么原则做的；二是我们这个企业应该树立什么样的社会形象，以区别于同类企业。

企业宗旨的陈述应包括以下三个方面的基本内容：

（1）企业形成和存在的根本目的

这一内容提出了企业的价值观念，即企业的基本责任和期望在某方面对社会的贡献。企业生存目的的定位应该说明企业要满足顾客的某种需求。决定企业经营什么的是顾客，只有顾客愿意购买企业的产品，企业才能将资源变为财富。只有顾客对产品及其价值的看法，才决定企业经营什么、生产什么及企业的前途。顾客所购买的并不是产品本身，而是产品所提供的效用，这种效用能满足他们的某种需要，所以，顾客是企业存在的基础和生存的理由。在此基础上，企业才能不断地开发新技术和新产品，使企业在不断的创新中得到发展。

（2）为实现基本目的应从事的经营活动范围

这一内容说明企业属于什么特定行业和领域。为了清楚地表达企业的共同经营主线，其经营活动范围常常需要分行业进行描述。这一内容规定着企业在战略期的生产范围和市场。

（3）企业在经营活动中的基本行为规范和原则

这一内容阐明企业的经营思想，它主要是通过企业对外界环境和内部条件的认识和态度来体现的。对外可以包括企业处理与顾客、社区、政府等关系的指导思想；对内包括企业对其投资者、员工及其他资源的基本观念。一般说来，企业的这种经营哲学与经营观念由于受文化的影响具有较大的共性；同时，不同国家的企业在管理理念上也表现出明显的差异性。

在实践过程中，很多企业家和学者将企业宗旨的陈述看成是企业战略的重要组成部分。这是因为：首先，它可以明确提出企业的价值标准，确保企业内部对企业的目的和实现目的的行动达成共识；其次，为企业战略管理者确定战略目标、选择战略、制定政策、有效利用资源等提供方向性的指导。企业的目的是一个无时间限制的、永恒的方向性概念，而目标则是一定期限内应达到的水平；最后，据此可树立区别于其他企业的企业形象，因为它反映了企业处理自身与各方面关系的观点和态度。

2. 企业目标

企业目标是企业战略构成的基本内容，主要表明企业在实现其使命过程中所要达到的长期结果。由于它涉及企业长期的、整体的发展及应达到的水平，所以，比起近期经营目标更为全面、更为复杂。为了保证实现企业的长期基本目标，必然要求企业在产品、市场及内部经营结构和生产率等方面都应达到相应的水平。

（二）经营范围

经营范围是指企业从事生产经营活动的范围，是产品领域和市场领域的集合，所以，又称为经营领域。它反映了企业与外部环境相互作用的程度。企业应该根据自己所处的行业、自己的产品和市场来确定自己的经营范围，只有产品与市场相结合，才能真正形成企业的经营业务。

确定或描述企业的经营领域一般有三种形式：从生产的产品的角度进行描述，从进入的市场的角度进行描述，从生产的产品和进入的市场相结合的角度进行描述。

（三）竞争优势

竞争优势是指企业在所从事的经营领域中与竞争对手相比较时，强于竞争对手的市场地位。寻求和确立企业在各领域中起主导作用的重点，创造相对优势，并通过重点集中产生放大效应，形成可持续发展的局面，这就要求战略管理者要仔细考察和分析企业每一项经营业务的市场机会，以及与竞争对手相比所拥有的独特能力。这里，具体应考虑以下几方面的问题：企业如何达到期望的目标增长水平？能否通过扩展现有重点业务，达到期望的增长？能否通过使业务多样化达到将来的增长目标？

（四）资源配置

从经济学的观点来看，资源是有限的或短缺的，而需求则是无限的。宏观上看，资源配置就是指社会在不同的部门和企业之间，以经济有效运行为原则所进行的社会资源的分配与组合，并对经济资源要素在各种可能的生产用途之间做出合理的选择，以获得最佳效益的过程。资源的有效性和需求的无限性，是人类社会发展中面临的最直接的问题。

企业的资源配置是指企业根据战略期所从事的经营领域，以及确立竞争优势的要求，对其所掌握的各种经济资源在质和量上的分配。其目的是形成战略所需要的经营结构或战略体系。具体来说，应考虑以下问题：企业如何在各业务（领域）之间分配其有限的资源，以获取最高的回报？就每项业务的各种可能选择战略而言，哪种战略能带来最大的投资回报？如何有效地解决资源短缺问题？

（五）增长向量

增长向量说明企业的成长方向，主要表明企业从原有产品与市场组合向未来产品与市场组合移动的方向。

（六）协同作用

协同作用，是指企业各经营领域之间联合作用所产生的整体效果大于各自单独进行时效果之和的效应，即整体大于部分之和的效应。

协同作用是衡量企业新产品与市场项目的一种变量。如果企业的共同经营主线是进攻型的，该项目就应该运用企业最重要的要素，如销售网络、技术等；如果经营主线是防御型的，该新项目则要提供企业所缺少的关键要素。同时，协同作用在选择多元化经营战略上，也是一个关键变量，它可以使各种经营领域形成一种内在的凝聚力。

综合起来看，以上六个企业战略构成要素更深层的意义还在于企业应考虑如何寻求获利能力。企业宗旨指明了企业发展的方向；经营范围确定了企业获利能力的范围；竞争优势指出了企业获取机会的特征；资源配置确定了企业各种经济资源的合理配置；增长向量指出了企业经营领域扩展的方向；利用协同作用来挖掘企业总体获利能力的潜力，它们之间相辅相成，共同构成企业战略的内核。

三、企业战略的层次

对于一个典型的现代企业，其战略一般包括公司总体战略、经营单位战略（事业部战略）和职能战略。相应地，企业战略管理也可以划分为公司战略管理、经营单位（事业部）战略管理和职能战略管理三个层次。

（一）公司总体战略

公司总体战略的研究对象是一个由相对独立的业务或战略经营单位组合而成的整体。这一层次的战略是一个企业整体战略的总纲，是企业最高管理层指导和控制企业一切行为的最高纲领，其主要内容包括企业战略决策的一系列最基本的因素，是企业存在的基本逻辑关系或基本原因。

从企业战略管理的角度来说，公司总体战略主要表现在以下几方面：企业使命的确定，即企业最适合从事哪些业务领域，为哪些消费者服务，企业向何种经营领域发展；战略经营单位的划分及战略事业的发展规划；关键战略经营单位的战略目标。

公司的总体战略主要是回答公司应该在哪些经营领域里进行生产经营活动的问题。因此，从战略的构成要素来看，企业使命、经营范围和资源配置是总体战略中的主要构成要素。竞争优势和协同作用则因企业不同而需要进行具体分析。在生产相关产品的多元化经营的企业里，竞争优势和协同作用很重要，它们主要是解决企业内部各产品的相关性和如何在市场上进行竞争的问题。在多个行业联合的大企业里，竞争优势和协同作用相对来说不是很重要，因为企业中各经营业务之间存在一定的协调性，可以共同形成整体优势。

（二）经营单位战略

经营单位战略也称为经营领域战略。它是在总体性的公司战略的指导下，经营管理某一个特定的战略经营单位的战略计划，是公司总体战略之下的子战略。企业在组织上把具有共同战略因素的若干事业部或其中某些部分组合成一个经营单位，每个战略经营单位一般都有自己独立的产品和细分市场。在企业内，如果各个事业部的产品和市场具有特殊性，也可以视其为独立的经营单位。经营单位战略是企业的某一特定经营领域的战略，主要是针对不断变化的外部环境，在各自的经营领域里有效地竞争。为了保证企业的竞争优势，各经营单位要有效地控制资源的分配和使用；同时，经营单位战略还要协调各职能层次的战略，使之成为一个统一的整体。

具体来说，经营单位战略是指企业在某一行业或某一特定细分行业内，确立其市场地位和发展态势的战略。对于大型企业或企业集团，经营领域战略表现为某一战略单位，如事业部或分公司在其特定经营领域的战略；在中小企业则表现为某一特定产品在其特定市场的战略。这一战略涉及的是企业在某一经营领域中如何竞争、在竞争中扮演什么样的角色，以及各战略经营单位如何有效地利用企业分配的资源等问题。

从战略管理的角度看，经营单位的战略应解决好以下问题：如何贯彻企业使命；各经营领域发展的外部环境中的机会与威胁分析；各经营领域的内部条件分析，以便认识自身的优势与劣势；战略目标的制定；明确各经营领域的战略重点、战略阶段和主要战略措施。

（三）职能战略

职能战略是总体战略和经营单位战略在各专业职能方面的具体化，它是企业内部主要职能部门的短期战略计划。职能战略可以使各职能部门的管理人员更加清楚地认识到本职能部门在实施企业总体战略中的责任和要求，使笼统的战略内容更加明确化，以指导各项具体的业务决策，有效地运用研究开发、营销、生产、财务、人力资源等方面的经营职能，为实施公司总体战略和经营单位战略服务。这一层次的战略重点是提高企业资源的利用效率，使企业资源的利用效率最大化。职能层次的战略可分为营销战略、人力资源战略、财务战略、生产战略、研究与开发战略等。

从战略管理的角度看，职能战略应着力解决以下问题：如何贯彻企业发展的总体目标，职能目标的论证及细分；确定其战略重点、战略阶段和主要战略措施；战略实施中的风险分析和应变能力分析。

从实施意义上讲，只有在对各专业职能充分探讨的基础上制定出职能战略，公司总体战略才得以形成。因为它既涉及在各专业经营职能之间如何形成战略体系，也涉及各职能如何利用所分配的资源及其利用的效果，来保证战略的实施。所以，职能战略若不明确，公司战略就会仅仅是一个空中楼阁。

四、战略管理的产生

从投入产出要素的角度，可以将企业管理划分为生产管理阶段、经营管理阶段和战略管理阶段。

（一）生产管理阶段

在生产管理阶段，突出的特征是现场管理，即只考虑如何高效率地生产。这一阶段企业管理的核心问题是如何提高生产效率，提高产量，降低成本。企业一般以较为单一的产品来满足市场的需要，整个市场的需求基本上是被动的，消费者没有太大的选择余地。

（二）经营管理阶段

这一阶段经营管理的特征表现为经营管理基本上还停留在缺乏大目标的追求效率与效益的阶段上，而追求短期、局部利益的现象较为严重。

这一阶段企业管理的重点是从投入产出的角度考虑问题，分析和研究市场需求，并在此基础上确定企业的产品线。

（三）战略管理阶段

一个企业能否成功，是看其能否灵活地运用战略管理，将各种资源变成社会所需要的产品和服务。特别是随着社会经济的发展，对现代企业的要求越来越高，这也对企业的经营管理提出了更高的要求。

现代企业的特征主要有以下五方面：企业的规模日益壮大，管理层次越来越多，管理幅度也越来越大；企业与社会的联系程度更加紧密，企业所承担的社会责任也不断提升；企业发展已由一业为主向多元化经营发展；企业竞争已从本地化、国内化过渡到了国际化、全球化；企业所面临的环境更加复杂多变，多因素的影响大大胜于单因素的作用，而且每一因素的变化节奏明显加快。

由此可见，战略管理的产生有着深刻的社会和历史根源及经济发展方面的迫切要求。战略管理时代的到来有其自身的必然性，正是由于各种要素的综合作用，战略管理得到了巨大的发展。

战略管理的产生是社会经济发展的必然。由于企业经营环境的不确定性和复杂性，企业为了生存与发展，必须对周围的各项要素及未来的投入与产出进行分析。这样，战略管理便应运而生。

战略管理与经营管理的主要区别可概括为：同样面对变化的环境条件，经营管理更偏重于依据原有的资源配置经验和产出方面的经验，来适应外部环境的变化；而战略管理则更偏重于通过没有现成经验可依据的未来投入和产出的组织管理，一方面使企业适应环境的变化，另一方面创造和改造环境。

五、企业战略管理过程

企业战略管理是依据企业外部环境与内部条件的变化，制定战略和实施战略，并根据执行情况的评价和反馈来调整、制定新战略的过程。

战略管理的基本思路有以下四方面：①分析环境：认清优势和劣势，并提出战略问题，了解企业所处的环境和竞争地位；②制定战略：根据对企业内外条件的分析，确定宗旨、目标和政策，具体从经营领域、竞争优势、经营结构等方面进行战略规划，并对可行的战略方案进行评价和选择；③战略实施，即采取一定的步骤、措施，发挥战略的指导作用，实现预期的战略目标，并完善战略实施的计划体系，从战略实施的组织结构上进行保证；④战略的评价与控制。进行战略的评价与控制，并将信息反馈到以前的各阶段。

第二节 企业战略环境分析

一、宏观环境分析

构成企业宏观环境的因素很多。宏观环境因素分析主要是确认和评价政治、经济、科技、社会文化等因素对企业战略目标和战略选择的影响。

（一）政治环境因素分析

政治因素是指对企业经营活动具有现实的或潜在的作用于影响的政治力量、政治制度、体制、方针政策，同时也包括对企业经营活动加以限制和要求的法律和法规等。这些因素常常制约、影响企业的经营行为，尤其是影响企业较长期的投资行为。

1. 政治因素分析的内容

具体来说，政治因素包括以下内容：

（1）企业所在地区和国家的政局稳定状况。

（2）执政党所要推行的基本政策的连续性和稳定性。政府通过各种法律、政策以保护消费者，保护环境，调整产业结构，引导投资方向。

（3）政府对企业行为的影响。作为供应者，政府拥有无法比拟的自然资源、土地和国家储备等，它的决定与偏好极大地影响着一些企业的战略；作为购买者，政府很容易培育、维持、增强、消除许多市场机会。

（4）法律对企业的影响。法律是政府用来管理企业的一种手段。一些政治行为对企业行为有直接的影响。法律制度对企业的管理行为有着不同的要求。针对企业管理的法律政策很多，这些法律政策的主要目的有四个：一是反对不正当竞争，保护企业利益；二是反对不正当商业活动，保护消费者权益；三是保护社会整体利益不受损害；四是促进整个社会经济全面发展。

此外，政治环境因素中还包括国际政治形势及其变化，主要包括国际政治局势、国际关系、目标国的国内政治环境等。对一个开放的国家来说，国际政治形势的影响是显而易见的。

2. 政治环境因素对企业影响的特点

政治环境因素直接影响着某些商品的生产和销售，对企业的影响具有刚性约束的特征，是保障企业生产经营活动的基本条件。

（二）经济环境因素分析

经济环境因素是指一个国家或地区的经济制度、经济结构、物质资源状况、经济发展水平、消费结构与消费水平以及未来的发展趋势等状况。经济环境对企业生产经营的影响更为直接具体。

1. 企业的经济环境的构成

企业的经济环境主要由社会经济结构、经济发展水平、经济体制、宏观经济政策、社会购买力、消费者收入水平和支出模式、消费者储蓄和信贷等要素构成。

（1）社会经济结构是指国民经济中不同的经济成分、不同的产业部门以及社会再生产各方面在组成国民经济整体时相互的适应性、量的比例及排列关联的状况。社会经济结构主要包括产业结构、分配结构、交换结构、消费结构、技术结构等五方面，其中，最重要的是产业结构。

（2）经济发展水平是指一个国家经济发展的规模、速度和所达到的水准。反映一个国家经济发展水平的常用指标有国民生产总值、国民收入、人均国民收入、经济发展速度和经济增长速度。

（3）经济体制是指国家经济组织的形式。经济体制规定了国家与企业、企业与企业、企业与各经济部门的关系，并通过一定的管理手段和方法，调控或影响社会经济流动的范围、内容和方式等。

（4）经济政策是指国家、政党制定的一定时期国家经济发展目标实现的战略和策略，它包括综合性的全国经济发展战略和产业政策、国民收入分配政策、价格政策、物资流通政策、金融货币政策、劳动工资政策和对外贸易政策等。

（5）社会购买力是指一定时期内社会各方面用于购买产品的货币支付能力。国民收入的使用主要是由消费和积累两部分构成。其中，消费部分又分为个人消费和社会消费。前者形成居民购买力，后者形成社会集团购买力。市场规模归根结底取决于购买力的大小。调查社会购买力水平，要注意国家经济政策和分配政策带来的居民购买力的变化和不同地区居民货币收入的变动情况。

（6）消费者支出模式最终取决于消费者的收入水平。随着消费者人均收入的增加，消费者用于购买食品方面的支出比重会有所下降，而用于服装、交通、娱乐、卫生保健等方面的支出比重会上升。调查消费者支出模式，除要考虑消费者收入水平外，还要考虑不同国家、地区的生活习惯、价值观念以及家庭生命周期的不同阶段等因素。

（7）消费者储蓄的最终目的是为了消费，它来源于消费者货币收入。但在一定时期内，消费者储蓄水平直接影响消费者的本期货币支出和潜在购买力水平。所以，消费者储蓄的增减变动会引起市场需求规模和结构的变动，从而对企业的营销活动产生影响。调查消费者储蓄情况，应注意政策变动、利率变动、通货膨胀水平等因素的影响。

2. 反映宏观经济运行状况的指标

宏观经济运行状况可通过一系列的指标来反映，如经济增长率、就业水平、物价水平、通货膨胀率、汇率、国际收支情况、利息率等。

（1）经济增长率

这是宏观经济环境的基础，在此，企业主要应当了解国民经济目前处于什么阶段，是产业结构调整时期、经济低速增长时期还是高速增长时期，并具体分析有关的经济指标，如国民生产总值、国民收入、国家预算收入的水平及其分配的状况等。一般说来，国民生产总值增长速度较快，居民用于个人消费的支出相应增加，从而提供了开辟新市场或开办新企业的机遇。反之，居民个人消费会有所减少，不利于企业的增长。

（2）利息率

利息率对企业的影响可从两个角度来看：一方面，利息率直接影响企业的销售市场状况。较低的长期利率对零售业十分有利，因为它意味着鼓励居民的短期消费；而较高的长期利率对建筑业或汽车制造业有利，因为它鼓励居民购买长期耐用消费品。另一方面，利息率还会直接影响企业的战略抉择。一般来说，利息率低有利于企业实施兼并战略，利率高则不利于企业采用积极进取的增长战略。

（3）通货膨胀率

对大多数企业而言，较高的通货膨胀率是一个不利因素，高通货膨胀率导致了企业经营的各种成本（如购买原料费用、劳务费用、工资等）相应增加。同时，长期的通货膨胀率既抑制企业的发展，又会促使政府采取放慢增长速度的紧缩政策，导致整个宏观经济环境不利于某些企业发展。较高的通货膨胀率对某些企业也可能是一种机遇。

（4）汇率

汇率是一国货币购买力的表现形式。在国际市场上，它直接影响企业成本，并进而影响企业国际战略的制定。一般而言，如果本国货币购买力较高，企业将乐意购买外国的产品与原材料，或到外国投资，开办独资企业或合营企业。反之，如果本国货币购买力较低，则会降低企业到海外投资、贸易或开发新市场的热情。

另外，经济环境因素中还包括居民收入因素，这可进一步细分为名义收入、实际收入、可支配收入以及可随意支配收入等，消费支出模式和生活费用、经济体制、金融制度等。

企业的经济环境分析就是要对以上的各个要素进行分析，运用各种指标，准确地分析宏观经济环境对企业的影响，从而制定正确的企业经营战略。

（三）社会文化环境因素分析

社会文化环境包括一个国家或地区的社会性质、人们共享的价值观、文化传统、生活方式、人口状况、教育程度、风俗习惯等方面。这些因素是人类在长期的生活和成长过程中逐渐形成的，人们总是自觉不自觉地接受这些准则。

1. 文化传统

文化传统是一个国家或地区在较长历史时期内所形成的一种社会习惯，它是影响人们活动的一个重要因素。文化环境对企业的影响是间接的、潜在的和持久的。文化的基本要素包括哲学、语言文字、文学艺术等。它们共同构筑成文化系统，对企业文化有重大的影响。哲学是文化的核心部分，在整个文化中起着主导作用；语言文字和文化艺术是文化的具体表现，是社会现实生活的反映，它对企业职工的心理、人生观、价值观、性格、道德及审美观点的影响及导向是不容忽视的。

2. 价值观

价值观是指社会公众评价各种行为的观念标准。不同的国家和地区，其价值观是不同的。例如，西方国家价值观的核心是个人的能力与事业心；东方国家价值观的核心是强调集体利益，日本、韩国等国的企业注重内部关系的融洽、协调与合作，形成了东方企业自己的高效率模式。

3. 社会发展趋向

近年来，社会环境方面的变化日趋显著。这些变化打破了传统习惯，使人们重新审视自己的信仰、追求和生活方式，影响着人们对穿着款式、消费倾向、业余爱好以及对产品与服务的需求，从而使企业面临着严峻的挑战。现代社会发展的倾向之一，就是人们对物质生活的要求越来越高。

4. 社会各阶层对企业的期望

社会各阶层包括股东、董事会成员、原材料供应者、产品销售机构人员及其他与企业有关的阶层。这些阶层对企业的期望是各不相同的。例如，股东集团评价战略的标准主要是看投资回收率、股东权益增长率等；企业工作人员评价战略的标准主要是看工资收益、福利待遇及其工作环境的舒适程度等；而消费者则主要关心企业产品的价格、质量、服务态度等；至于政府机构，它们评价企业的立足点，主要看企业经营活动是否符合国家的政策、法规。

5. 人口因素

人口因素主要包括人口总数、年龄构成、人口分布、人口密度、教育水平、家庭状况、居住条件、死亡率、结婚率、离婚率、民族构成以及年龄发展趋势、家庭结构变化等。

人口因素对企业战略的制定有重大影响。人口总数直接影响社会生产总规模；人口的地理分布影响企业厂址的选择；人口的性别比例和年龄结构在一定程度上决定了社会需求结构，进而影响社会供给结构和企业生产结构；人口的教育文化水平直接影响着企业的人力资源状况；家庭户数及其结构的变化与耐用消费品的需求和变化趋势密切相关，因而也影响耐用消费品的生产规模。

（四）科技环境因素分析

企业的科技环境指的是企业所处的社会环境中的科技要素及与该要素直接相关的各种社会现象的集合。科学技术是最引人注目的一个因素，新技术革命的兴起影响着社会经济的各个方面。人类社会的每一次重大进步都离不开重大科技革命。企业的发展在很大程度上也受到科学技术方面因素的影响，包括新材料、新设备、新工艺等物质化的硬技术和体现新技术新管理的思想、方式和方法等信息化的软技术。

二、微观环境分析

企业微观环境主要包括产业环境和市场环境两个方面。产业生命周期、产业结构、市场结构与竞争、市场需求状况、产业内的战略群体和成功关键因素分析都是微观环境分析的重要内容。

（一）产业生命周期

产业的生命周期是指从行业出现直到行业完全退出社会经济活动所经历的时间。产业发展周期主要包括初创阶段（也称幼稚期）、成长期、成熟期和衰退期。只有了解产业目前所处的生命周期阶段，才能决定企业在某一产业中应采取何种策略，才能进行正确的投资决策，对企业在多个产业领域的业务进行合理组合，提高整体盈利水平。

（二）产业结构

某一行业中的企业其盈利与否及盈利大小一般取决于两个基本因素：一是所处行业的盈利潜力，又称行业吸引力；二是其在行业中的地位。一般说来，一个行业的盈利潜力并不是由其产品外观或该产品技术含量高低所决定的，而由其内在的经济结构或竞争格局所决定。

一个行业的经营单位，其竞争战略目标应是在此行业中找到一个位置，在这个位置上，该企业能较好地防御五种竞争力量。或者说，该企业能够对这些竞争力量施加影响，使它们有利于本企业。因此，企业在制定经营战略时，应透过现象抓本质，分析每个竞争力量的来源。对竞争力量基本来源的分析，有助于弄清企业生存的优势和劣势，有助于寻求本企业在行业中的有利地位。正因为如此，行业结构分析是制定经营战略的基础工作。

（三）市场结构与竞争

经济学家对市场结构进行了分类，即完全竞争、垄断竞争、寡头垄断和完全垄断四种市场结构，这有助于对市场竞争性质加以正确估计。

（四）市场需求状况

可以从市场需求的决定因素和需求价格弹性两个角度分析市场需求。人口、购买力和购买欲望决定着市场需求的规模，其中，生产企业可以把握的因素是消费者的购买欲望，而产品的价格、差异化程度、促销手段、消费者偏好等影响着购买欲望。影响产品需求价格弹性的主要因素有产品的可替代程度、产品对消费者的重要程度、购买者在该产品上的支出占总支出的比重、购买者转换到替代品的转换成本、购买者对商品的认知程度以及对产品互补品的使用状况等。

（五）产业内的战略群体

确定产业内所有竞争对手的战略各方面的特征是产业分析的一个重要方面。一个战略群体是指某一个产业中在某一方面采取相同或相似战略的各企业组成的集团。战略群体分析有助于企业了解自己的相对战略地位和企业战略变化可能产生的竞争性影响，使企业更好地了解战略群体竞争状况，了解战略群体内企业部分的主要着眼点，预测市场变化和发展战略机会等。

（六）成功关键因素

作为企业在特定市场获得盈利必须拥有的技能和资产，成功关键因素可能是一种价格优势、一种资本结构或组合，一种纵向一体化的行业结构。不同产业的成功关键因素存在很大差异，同时随着产品生命周期的演变，成功关键因素也会发生变化，即使是同一产业中的各个企业，也可能对该产业中的关键因素有不同侧重。

三、企业内部环境分析

内部战略环境是企业内部与战略有着重要关联的因素，是企业经营的基础，是制定战略的出发点、依据和条件，是竞争的根本。企业内部环境或条件分析目的在于掌握企业历史和目前的状况，明确企业所具有的优势和劣势。它有助于企业制定有针对性的战略，有效地利用自身资源，发挥优势，同时避免企业的劣势。企业内部环境分析的内容包括很多方面，有组织结构、价值链、核心竞争力等，这里重点探讨核心竞争力分析。

当今社会越来越多的企业把拥有核心能力作为影响企业长期竞争优势的关键因素。越来越多的人认为，如果企业有意在未来的市场上获取巨大的利润，就必须建立一种能对未来顾客所重视的价值起巨大作用的核心能力，然而在某一重要的核心能力方面建立起世界领先地位，绝不是一朝一夕可以做到的。如果企业想在未来竞争中获得成功，现在就必须着手建立企业的核心能力。许多大型的多元化经营的企业目前更注重突出优势和明确主要业务，更加重视企业的核心竞争能力的构建。在产品和市场战略被看作是企业相对短暂的现象的同时，企业核心能力被认为是企业竞争优势持久的源泉。

（一）企业核心能力的概念

近些年来，越来越多的企业注重战略的研究，以保持其竞争优势。企业的战略可以分为市场战略、产品战略、技术战略等，这些职能战略最多只能获取短暂的一时优势，唯有追求核心能力才是使企业永久立于不败之地的根本战略。因此，具有活的动态性质的核心能力是企业追求的长期战略目标，是企业持续竞争优势的源泉。

核心能力，又称核心专长、核心竞争力。核心能力是组织中的积累性学识，特别是关于如何协调不同的生产技能和有机结合多种技术流派的学识。其要点是核心能力的载体是企业整体，而不是企业的某个业务部门、某个行业领域；核心能力是企业过去成长过程中积累而产生的，而不是通过市场交易获得的；关键在于“协调”和“有机结合”，而不是某种可分散的技术和技能；存在形态上基本上是结构性的、隐性的，而非要素性的、显性的。

综合地说，核心能力是指企业依据自己独特的资源（资本资源、技术资源或其他方面的资源以及各种资源的综合），培育创造本企业不同于其他企业的最关键的竞争能力与优势。这种竞争能力与优势是本企业独创的，也是企业最根本、最关键的经营能力。换言之，也只有在本企业中，这种竞争能力与优势才能得到最充分的发挥。凭借这种最根本、最关键的经营能力，企业才拥有自己的市场和效益。核心能力是以知识、技术为基础的综合能力，是支持企业赖以生存和稳定发展的根基。

（二）核心能力的构成要素

企业核心能力是一个复杂和多元的系统，它包括以下能力。

1. 研究开发能力

研究与开发是指为增加知识总量，以及用这些知识去创造新的应用而进行的系统性创造活动。它包括基础研究、应用研究和技术开发三项。

基础研究主要是为获得关于现象和可观察事实的基本原理而进行的实验性或理论性工作。其作用是既能扩大人们的科学知识领域，又能为新技术的创造和发明提供理论基础。从长远发展来看，基础研究是技术开发的基础工作，同时也是科研实力的重要标志和创新的基础。

应用研究是为了获得新知识而进行的创造性研究，有明确的目的性，是连接基础研究和技术开发的桥梁。

技术开发是指利用从研究和实际经验中获得的知识，或从外部引进的技术、知识，生产新的材料、产品、装置，建立新的工艺和系统，以及对已生产或建立的上述工作实质性改进而进行的系统性工作。

2. 创新能力

发展、竞争和变化是绝对永恒的。一个企业要保持发展和竞争优势，就必须善于总结和提高，永远追求卓越，不断超越自我、进取和创新。

所谓的创新就是根据市场和社会变化，在原来的基础上，重新整合人才、资本等资源，进行新产品研发和有效组织生产，不断创造和适应市场，实现企业既定目标的过程。创新包括技术创新、产品及工艺创新和管理创新。

企业创新的主体是决策层、技术层、中间管理层和生产一线管理层。创新能力表现为创新主体在所从事的领域中善于敏锐地观察原有事物的缺陷，准确地捕捉新事物的萌芽，提出大胆新颖的推测和设想，并进行认真周密的论证，拿出切实可行的方案付诸实施。

企业要取得核心能力，必须准确把握世界科技和市场的发展动态，制定相应创新战略，使技术创新、管理创新、产品创新等协调展开。在以技术变化迅速和产品周期不断缩短为特征的商业竞争中，创新是保持长久竞争优势的动力源泉，创新能力是一个企业核心能力和旺盛生命力的体现。

3. 将科技成果转化为生产力的能力

只有将创新意识或技术成果转化为工作方案或产品，提高效率和效益，创新和研究开发才是有价值和意义的。转化能力与企业的技术能力、管理能力有很大的关系。转化的过程即创新的过程，转化不仅需要进一步创新，还需要切实可行的方法和步骤；创新只有转化为实际效益，才是真正意义上的创新。

转化能力在实际应用中表现为其综合、移植、改造和重组的技巧和技能，即把各种技术、方法等综合起来系统化，形成一个可实施的综合方案，将其他领域中的一些可行的方法移植到本企业的管理和技术创新中来，对现有的技术、设备和管理方法等进行改造，并根据企业实际和时代发展进行重新组合，形成新的方法和新的途径，达到更优的效果。

4. 组织协调能力

面对激烈变化的市场，企业要有优势必须始终保持生产、经营管理各个环节、各个部门运转协调、统一、高效，特别是在创新方案、新产品、新工艺以及生产目标形成之后，要及时调动、组织企业所有资源，进行有效、有序运作。

这种组织协调能力涉及企业的组织结构、企业战略目标、运行机制、企业文化等多方面。突出表现在企业有坚强的团队精神和强大的凝聚力，即个人服从组织，局部服从全局，齐心协力、积极主动、密切配合争取成功的精神，表现在能根据生产的不同阶段要求，有效组织资源，并使其在各自的位置上正常运转。

5. 应变能力

应变是一种快速反应能力，它包含对客观变化的敏锐感应和对客观变化做出应对策略。客观环境时刻都在发生变化，企业决策者必须具有敏锐感应客观环境的能力，保持经营随着客观环境变化而变化。特别是竞争环境会经常出现无法预料的事件的今天，如某一国家或地区金融危机的发生，某项技术的发明，政府政策的调整等，要把这种变化对企业自身的影响降低到最低程度，企业就必须迅速、准确地拿出应变的措施和办法。应变能力表现为能审时度势、随机应变，在变化中产生应对的策略。

四、战略环境分析方法

企业战略环境分析的方法有很多，比如 SMOT 分析法、外部因素评价矩阵（EFE）、内部因素评价矩阵（IFE）等都是常用的方法。这里我们仅介绍 SMOT 分析法。

SMOT 分析法又称为态势分析法，它是 20 世纪 80 年代初被提出来的，是一种能够较客观而准确地分析和研究一个单位现实情况的方法。SMOT 四个英文字母分别代表：优势（Strengths）、劣势（Weaknesses）、机会（Opportunities）和威胁（Threats）。从整体上看，SMOT 可以分为两部分：第一部分为 SW，主要用来分析内部条件；第二部分为 OT，主要用来分析外部条件。利用这种方法可以从中找出对自己有利的、值得保持的因素，以及对自己不利的、要避开的风险，发现存在的问题，找出解决办法，并明确以后的发展方向。

进行 SMOT 分析时，主要有以下几个步骤。

（一）分析环境因素

运用各种调查研究方法，分析公司所处的各种环境因素，即外部环境因素和内部环境因素。外部环境因素包括机会因素和威胁因素，属于客观因素；内部环境因素包括优势因素和劣势因素，它们是公司在其发展中自身存在的积极和消极因素，属主观因素。

（二）构造 SMOT 矩阵

将调查得出的各种因素根据轻重缓急或影响程度等排序，构造 SMOT 矩阵。在此过程中，将那些对公司发展有直接的、重要的、迫切的、久远的影响的因素优先排列出来，而将那些间接的次要的、不急的、短暂的影响因素排列在后面。

（三）制订行动计划

在完成环境因素分析和 SMOT 矩阵的构造后，便可以制订出相应的行动计划。制订计划的基本思路是发挥优势因素，克服劣势因素，利用机会因素，化解威胁因素。运用系统分析的方法，将各种环境因素相互匹配起来加以组合，得出一系列公司未来发展的可选择对策。

第三节　企业战略的类型与选择

制定战略是战略管理的核心部分，它在战略分析的基础上来完成。企业战略类型多样形式各异，各个企业都有自己的一套适合企业自身条件与所处环境及发展要求的独特的战略体系。对一个企业来说，达成战略目标的战略方案可能有多个，战略决策者就必须对这些战略方案进行评价和比较，从中选择最合适的战略。

一、企业总体战略

企业总体战略是指企业业务发展的方向。企业业务发展的方向本质上体现了企业资源配置的方向与模式。企业总体战略可以划分为稳定型战略、发展型战略和紧缩型战略三种类型。

（一）稳定型战略

稳定型战略是指企业不改变其生产性质、主要产品和为社会提供的服务，在一定时期内企业也并不准备扩大生产规模的一种战略。其核心主要以提高企业现有生产条件下的经济效益为目的。它的优点是风险小，失败的可能性也小，企业的内部经营机制得到完善，企业的产品结构、组织结构及其他各项工作合理化，可以提高企业对外界环境变化的应变能力及抗干扰能力；缺点主要是长期采用此战略，企业发展缓慢，在稳定战略实施中，企业领导者往往把眼光放在企业内部结构调整上，而对于企业外部环境的变化及提供的机遇容易忽略，在当今行业竞争激烈的市场中也容易被竞争者击败。稳定型战略一般适用于外部环境和内部条件暂时处于劣势或市场不稳定、经营中既无突出优势又无明显有利因素的企业。

（二）发展型战略

发展型战略是企业在现有基础水平上向更高一级的方向发展。它是指企业扩大生产规模，并在保持原有主要产品的同时，增加新的产品的生产，挖掘企业的潜力，提高销售量，扩大市场占有率，降低成本，提高盈利能力，超过竞争对手，使经济技术指标超过或达到同行业的先进水平，在提高产品质量、降低物耗、增加经济效益上有大幅度提高的一种战略。其核心是发展壮大。企业为了发展，就必须采取发展型战略。发展型战略面临的风险较大，管理者也缺乏对扩大后的企业进行管理的经验。因此，采用发展战略的企业家一般都是开拓型的，敢于承担风险。而且研究战略发展的可行性是制定战略扩张的重要环节，要对企业现有的实力与应付扩张战略可能带来的风险做出正确评估。

企业发展型战略包括一元化战略、一体化战略和多元化战略等类型。

1. 一元化战略

一元化战略就是指专业化战略。传统理论认为一元化战略是一种存在较大风险的投资与经营战略，其原因就在于特定产业与市场的容量有限，产业的发展有其周期性，相应地，企业集团的发展也将随之陷入不良的周期性波动境地。但实际上一些采用专业化战略的企业集团，不仅没有陷入不良的周期性波动，反而其市场竞争中的优势日益强化。

投资的专业化虽不意味着竞争优势取得的必然性，却是竞争优势产生的基础。专业化投资策略的基本点是将企业集团的资源优势聚合于某一特定的产业或产品领域，而不会引起经营结构与市场结构的改变。因此，在专业化投资战略下，资源的聚合意味着企业集团在特定的市场上优势的集中，从而为谋求特定市场的竞争优势、增强风险抗御能力、推进市场领域的拓展提供了充分的资源支持。

2. 一体化战略

一体化战略是指企业充分利用自己在产品、技术、市场上的优势，根据产业或者企业价值链从原材料（甚至从技术开发）到最终产品销售和售后服务的工艺顺序，使企业不断地向深度和广度发展的一种战略。一体化战略主要包含三种类型：业务向原材料生产方向扩展称为后向一体化；业务向销售方向扩展称为前向一体化；将价值链中的某一个环节扩展、做大称为水平一体化。同时，前向一体化与后向一体化又统称为纵向一体化，而水平一体化又称为横向一体化。一体化战略是企业的一个非常重要的成长战略，它有利于深化专业分工协作，提高资源的利用深度和综合利用效率。

3. 多元化战略

多元化战略又称多角化战略或多样化战略，是指企业同时从事两项或两项以上业务的战略。采取多元化战略一方面是来自企业扩张的需要，另一方面是来自企业分散风险的动机。

企业的多元化战略有两种类型：相关多元化与非相关多元化。相关多元化是指公司即将进入的业务领域与现在正开展的各项业务之间有着明显的关联关系，如相似的技术、共同的市场和分销渠道、共同的生产流程、共同采购等，这些相关业务之间的价值活动能够实现有效共享。宝洁公司是相关多元化最为成功的代表，尽管宝洁公司涉足的产品包括食品、保健品、宠物食品、清洁剂、口腔护理系列、洗发用品系列、纸品系列等，它们都有着不同的竞争者和生产要求，看起来似乎互不相关，但这些产品几乎都使用同样的分销渠道，在同样的零售网络销售，采用同样的市场营销方式，卖给同样的顾客。

实施多元化战略需要考虑的首要问题是进入新的产业，是通过从头起步开始一项新业务的方式，还是以并购目标产业中的某一家公司的方式。选择什么产业进行多元化经营决定了公司的多元化是基于狭窄的几个产业，还是宽范围的多个产业。进入每一个目标产业的方式选择（从头建立一项新的经营或者并购一家现成的公司，一家正在进取的公司或者是一家有着起死回生潜力的困难公司），决定了公司进入每一个所选择的产业时开始所处的地位。

4. 紧缩型战略

紧缩型战略是指企业缩小生产规模，或取消某些产品的生产，减少企业的投入，封存或出卖部分设备的一种战略。其核心是通过紧缩战略来摆脱企业生存所面临的困境，使财务状况好转，否则企业可能面临倒闭破产的境地。这种战略一般适用于经济不景气、需求紧缩、资源有限、产品滞销、内部矛盾重重、财务状况恶化以及在原经营领域中处于严重不利竞争地位的情况。

紧缩型战略可以分为以下四种类型：

（1）整顿战略（以退为进）

先暂时从现有的水平往后退，等到条件成熟后再前进。

（2）削减战略（抽资战略）

减少对某一经营领域的投入，只投入最低限度的经营资源。

（3）放弃战略

就是将经营资源从某一经营领域中抽出。

（4）清理战略（清算战略）

就是企业由于无力偿还债务，通过出售或转让企业的全部资产，以偿还债务或停止全部经营业务（只有当其他战略全部失灵时才采用此战略）。

二、基本竞争战略

基本竞争战略是指无论在什么产业或企业都可以被选择采用的战略。迈克尔·波特（Michael E. Porter）在《竞争战略》一书中曾经提出过三种基本战略，即成本领先战略、差异化战略和目标集中战略。他认为，企业要获得竞争优势，一般只有两种途径：一是在产业中成为成本最低的生产者；二是在企业的产品和服务上形成与众不同的特色。

（一）成本领先战略

成本领先战略是指企业通过在内部加强成本控制，在研究开发、生产、销售、服务和广告等领域内把成本降到最低限度，成为行业中的成本领先者的战略。企业凭借其成本优势，可以在激烈的市场竞争中获得有利的竞争优势。

1. 采用成本领先战略的动因

采用成本领先战略的动因包括以下几个方面：

一是形成进入障碍。企业的生产经营成本低，客观上为产业的潜在进入者设置了较高的进入障碍。

二是增强企业讨价还价的能力。企业的成本低可以使自己应付投入费用的增长，提高企业与供应者讨价还价的能力，降低投入因素变化所产生的影响。同时，企业成本低，可以提高自己对购买者的讨价还价能力，以对抗强有力的购买者。

三是领先的竞争地位。当企业与产业内的竞争对手进行价格战时，由于企业的成本低，可以在竞争对手毫无利润的水平上保持盈利，从而扩大市场份额，保持绝对竞争优势的地位。

总之，企业采用成本领先战略可以使企业有效地面对产业中的五种竞争力量，以其低成本的优势，获得高于产业平均水平的利润。

在考虑成本领先战略的实施条件时，一般从两个方面考虑：一是考虑实施战略所需要的资源和技能；二是组织落实的必要条件。在所需要的资源和技能方面，企业所需要的是持续投资和增加资本，提高科研与开发能力，增强市场营销的手段，提高内部管理水平。在组织落实方面，企业要考虑严格的成本控制、详尽的控制报告、合理的组织结构和责任制，以及完善的激励管理机制。

在实践中，成本领先战略要想取得好的效果，还要考虑企业所在的市场是否完全竞争的市场、该行业的产品是否标准化的产品、大多数购买者是否以同样的方式使用产品；产品是否具有较高的价格弹性、价格竞争是否市场竞争的主要手段等。如果企业的环境和内部条件不具备这些因素，企业便难以实施成本领先战略。

2. 成本领先战略的风险

企业在选择成本领先战略时还要看到这一战略的弱点。如果竞争对手的竞争能力强，或者发生下面一些变化，采用成本领先战略就有可能面临风险。

一是竞争对手开发出更低成本的生产方法。例如，竞争对手利用新的技术，或更低的人工成本，形成新的低成本优势，使得企业原有的优势成为劣势。

二是对手采用模仿的办法。当企业的产品或服务具有竞争优势时，竞争对手往往会采取模仿的办法，形成与企业相似的产品和成本，使企业陷入困境。

三是顾客需求的改变。如果企业过分地追求低成本，降低了产品和服务的质量，则会影响顾客的需求，结果会适得其反，企业非但没有获得竞争优势，反而会处于劣势。

（二）差异化战略

差异化战略是通过提供与众不同的产品和服务来满足顾客的特殊需求，以形成竞争优势的战略。企业形成这种战略主要是依靠产品和服务的特色，而不是产品和服务的成本。但是应该注意，差异化战略不是讲企业可以忽略成本，只是强调这时的战略目标不是成本问题。

1. 采用差异化战略的动因

企业采用这种战略，可以很好地防预产业中的五种竞争力量，获得超过产业平均水平的利润。具体地讲，主要表现在以下几个方面：

一是形成进入障碍。由于产品的特色，顾客对产品或服务具有很高的忠实度，从而该产品和服务具有强有力的进入障碍。潜在的进入者要与该企业竞争，则需要克服这种产品的独特性。

二是降低顾客对价格的敏感程度。由于差异化，顾客对该产品或服务具有某种程度的忠实性。

三是增强讨价还价的能力。产品差异化战略可以为企业带来较高的边际收益，降低企业的总成本，增强企业对供应者讨价还价的能力。同时，由于购买者别无其他选择，对价格的敏感程度降低，企业也可以运用这一战略削弱购买者讨价还价的能力。

四是防止替代品的威胁。企业的产品或服务具有特色，能够赢得顾客的信任，便可以在与替代品的较量中比同类企业处于更有利的地位。

企业成功地实施差别化战略，通常需要特殊类型的管理技能和组织结构。例如，企业需要具有从总体上提高某项经营业务的质量、树立产品形象、保持先进技术和建立完善的分销渠道的能力。为实施这一战略，企业需要具有很强的研究开发与市场营销能力的管理人员；同时，在组织结构上，成功的差别化战略需要有良好的结构以协调各个职能领域，以及有能够确保激励员工创造性的激励和管理体制。

2. 采用差异化战略的风险

企业在实施差异化战略时，面临两种主要的风险：一是企业没有能够形成适当的差别化；二是在竞争对手的模仿和进攻下，行业的条件又发生了变化时，企业不能保持差别化，第二种风险经常发生。企业在保持差异化上，普遍存在着形成产品差异化的成本过高，大多数购买者难以承受产品的价格等威胁。

（三）目标集中战略

目标集中战略是指把经营战略的重点放在一个特定的目标市场上，为特定的地区或特定的购买者集团提供特殊的产品或服务。

1. 目标集中战略的特征

成本领先战略与差异化战略面向全行业，在整个行业的范围内进行活动。而目标集中战略则是围绕一个特定的目标进行密集型的生产经营活动，要求能够比竞争对手提供更为有效的服务。企业一旦选择了目标市场，便可以通过产品差异化或成本领先的方法，形成目标集中战略。就是说，采用目标集中型战略的企业，基本上就是特殊的差异化或特殊的成本领先企业。目标集中的企业由于其市场面狭小，可以更好地了解市场和顾客，提供更好的产品与服务。

目标集中战略与其他两个竞争战略一样，可以防御行业中的各种竞争力度，使企业在本行业中获得高于一般水平的收益。这种战略可以用来防御替代品的威胁，也可以针对竞争对手最薄弱的环节采取行动，需要形成产品的差异化，或者在为该目标市场的专门服务中降低成本，形成低成本优势，或者兼有产品差异化和低成本的优势。在这种情况下，其竞争对手很难在目标市场上与之抗衡。这样，企业在竞争战略中成功地运用目标集中战略，就可以获得超过产业平均水平的收益。应当指出，企业实施目标集中战略，尽管能在其目标市场上保持一定的竞争优势，获得较高的市场份额，但由于其目标市场是相对狭小的，该企业的市场份额的总体水平是较低的。目标集中战略在获得市场份额方面有某些局限性，因此，企业选择目标集中战略时，应该在产品获利能力和销售量之间进行权衡和取舍，有时还要在产品差异化和成本状况中进行权衡。

2. 选择目标集中战略的条件

企业实施目标集中战略的关键是选好战略目标。一般的原则是企业要尽可能地选择那些竞争对手最薄弱的目标和最不易受替代产品冲击的目标。在选择目标之前，企业必须确认，购买群体在需求上存在的差异；企业的目标市场上没有其他竞争对手试图采用目标集中战略；企业的目标市场在市场容量、成长速度、获利能力、竞争强度方面具有相对的吸引力；本企业资源实力有限，不能追求更大的目标市场。

3. 目标集中战略的风险

采用目标集中化战略也有一定的风险，主要表现在：①竞争对手可能会寻找可与本企业匹敌的、有效的途径来服务于细分目标市场；②购买者细分市场之间的差异减弱会降低进入细分目标市场的进入壁垒，会为竞争对手采取目标集中战略打开一扇方便之门；③采取目标集中战略的厂商所聚焦的细分市场非常具有吸引力，以至于各个竞争厂商蜂拥而入，瓜分细分市场的利润。

三、战略评价方法及战略选择

对于有多种产品的企业，由于其不同的产品可能具有不同的市场地位和价值优势，如何对这些业务进行投资组合分析是企业管理者在战略制定时要重点考虑的问题。评价企业的价值能力，应进行投资组合分析。广泛采用的投资组合分析方法是矩阵分析方法，通过这种方法，企业可以找到企业资源的产生单位和这些资源的最佳使用单位。

（一）增长率-市场占有率矩阵法

增长率-市场占有率矩阵法就是通常所讲的波士顿矩阵。它是波士顿咨询公司1960年为美国米德纸业公司进行经营咨询时提出的分析方法，也称成长-份额矩阵、产品（事业）结构分析法或事业结构转换矩阵。它以企业经营的全部产品或业务的组合为研究对象，分析企业相关经营业务之间的现金流量的平衡问题，寻求企业资源的最佳组合。

纵坐标表示企业所在行业的成长性，表示该行业过去两年和今后两年的平均市场销售增长速度，通常以10%的增长速度为限划分为两个区域，最近两年平均增长率超过10%的为高增长业务，低于10%的为低增长业务。这样划分出如下四种经营单位。

1. 明星业务

明星业务指那些市场增长率和相对市场占有率都较高的经营单位。此类业务处于迅速增长的市场，具有很大的市场份额，被形象地称为明星产品。这类产品或业务既有发展潜力，企业又具有竞争力，是高速成长市场中的领先者，行业处于生命周期中的成长期，应是企业重点发展的业务或产品，但它们是企业资源的主要消费者，企业要采取追加投资，扩大业务的策略，支持它继续发展。

2. 金牛业务

金牛业务指那些有较低市场增长率和较高相对市场占有率的经营单位。行业可能处于生命周期中的成熟期，企业生产规模较大，本身不需要投资，反而能为企业提供大量资金，用以支持其他业务的发展，被形象地称为金牛业务。企业通常以金牛业务支持明星业务、问题业务和瘦狗业务。企业的策略是维持其稳定生产，不再追加投资，以便尽可能地回收资金，获取利润。

3. 瘦狗业务

瘦狗业务指那些相对市场占有率和市场增长率都较低的经营单位。行业可能处于生命周期中的成熟期或衰退期，市场竞争激烈，企业获利能力差，不能成为利润源泉。如果这类业务还能自我维持，则应缩小经营范围，加强内部管理。如果这类业务已彻底失败，企业应当及时采取措施，清理业务或退出经营领域。

4. 问题业务

问题业务指那些相对市场占有率较低而市场增长率却较高的经营单位。这类业务通常处于最差的现金流状态，一方面所在行业增长率较高，需要企业投入大量资金支持其生产经营活动；另一方面，企业产品的市场相对占有率不高，不能给企业带来较高的资金回报。因此，企业对问题业务的投资需要进一步分析是否具有发展潜力和竞争力优势，判断使其转移到业务所获的投资量，分析其未来是否盈利，研究是否值得投资的问题。

增长率–市场占有率矩阵法将企业的不同业务组合到一个矩阵中，可以简单地分析企业在不同业务中的地位，从而针对企业的不同业务制定有效策略，集中企业资源，提高企业在有限领域的竞争能力。该矩阵分析的目的在于为企业确定自己的总体战略。在总体战略的选择上，它指出了每个经营业务在竞争中的市场地位，使企业了解了它的作用或任务，从而有选择和集中地运用企业优势的资金。同时，波士顿矩阵将企业不同经营领域内的业务综合到一个矩阵中，具有简单明了的效果。在其他战略没有发生变化的前提下，企业可以通过波士顿矩阵判断自己各经营业务的机会和威胁、优势和劣势，判断当前的主要战略问题和企业未来的竞争地位。比较理想的投资组合是企业有较多的明星业务和金牛业务，少数的问题业务和极少的瘦狗业务。

但是，增长率–市场占有率矩阵法也存在局限性。该矩阵按照市场增长率和相对市场份额，把企业的市场业务分为四种类型，相对来说，有些过于简单。同时，在实践中，企业要确定各业务的市场增长率和相对市场份额是困难的，该矩阵中市场地位和获利之间的关系会因行业和细分市场的不同而发生变化。另外，企业要对自己一系列的经营业务进行战略评价，仅仅依靠市场增长率和相对市场份额是不够的，还需要行业的技术水平等其他指标。

（二）行业吸引力竞争能力分析法

行业吸引力竞争能力分析法是由美国通用电气公司与麦肯锡咨询公司共同发展起来的。它是为克服波士顿矩阵的局限性而提出的改良分析矩阵，也称通用电气–麦肯锡矩阵或行业吸引力-企业实力矩阵。

该矩阵在理论上与波士顿矩阵类似，但它考虑了更多的因素，对不同的业务进行比较。通用矩阵的纵坐标用行业吸引力代替了行业成长速度，横坐标用企业实力代替了相对市场份额。同时，通用矩阵针对波士顿矩阵坐标尺度过粗的缺陷，增加了中间等级。根据行业吸引力和经营单位的竞争能力，可以确定出各经营单位在总体经营组合中的位置。

经营单位所处行业的吸引力按强度分成高、中、低三等，所评价的因素一般包括行业规模、市场增长速度，产品价格的稳定性，市场的分散程度、行业内的竞争结构、行业利润、行业技术环境、社会因素、环境因素、法律因素、人文因素。

经营单位所具备的竞争能力按大小也分为高、中、低三等，所评价的因素包括生产规模、增长情况、市场占有率、营利性、技术地位、产品线宽度、产品质量及可靠性、单位形象、造成污染的情况、人员情况。

第四节　企业战略的实施与控制

企业一旦选择合适的战略，战略管理的重点就从战略选择转移到了战略实施阶段。如果没有有效的实施战略，那么任何战略都不可能实现其价值，即实现企业战略目标。战略控制是为了有效地实施战略，同时也是为了对不适应的战略及时做出调整，以更好地实现企业可持续发展的目标。

一、企业战略的实施

（一）战略实施的内容

所谓战略实施，就是执行达到战略目标的战略计划或战略方案，这是将战略付诸实际行动的过程。企业战略实施应包括建立能够执行并完成战略计划的强有力的组织，围绕战略目标有重点地配置资源，动员整个组织投入选定的战略计划，设置内部战略管理支持系统并发挥战略领导作用。

企业战略实施涉及大量的工作安排、资金和时间，而不像战略制定和选择过程中，所参加的人员主要是高层管理者。在战略实施过程中，企业从最高管理者到作业人员，每一个人都参与战略的实施。因此，战略实施较之战略分析和战略选择来说，所涉及的问题更多、更复杂。

（二）战略实施的一般过程

1. 诊断战略问题

在战略管理中，战略实施是战略制定的继续，即企业制定出目标和战略以后，必须将战略的构想转化成战略的行动。在这个转化过程中，企业首先要考虑战略制定与战略实施的关系，两者配合得越好，战略管理越容易获得成功。

在成功企业里，企业不仅有好的战略，而且能够有效地实施这一战略。在这种情况下，尽管企业不能控制外部的环境因素，但由于它能够成功地制定与实施战略，企业的目标便能够较顺利地实现。

在摇摆象限里，企业没有很好的战略，但执行这种战略却一丝不苟。在这种情况下，企业会遇到两种不同的局面：一种局面是由于企业能够很好地执行战略而克服了原有战略的不足，或者至少为管理人员提出了可能失败的警告；另一种局面是企业认真地制定了一个“不好”的战略，结果加速了企业的失败。

在艰难象限里，企业有很好的战略但贯彻实施得很差。这种情况往往是由于企业管理人员过分注重战略的制定而忽视战略实施的缘故。一旦问题发生，管理人员的反应常常是重新制定战略，而不是去检查实施过程是否出了问题。结果，重新制定出来的战略仍按照老办法去实行，只有失败一条路。

在失败象限里，企业所面临的问题是既没有好的战略又没有很好地执行战略。在这种情况下，企业的管理人员很难把战略转到正确的轨道上来。因为企业如果保留原来的战略而改变实施的方式或者改变战略而保留原有的实施方式，都不会产生好的结果，仍旧要失败。

因此，企业要取得好的战略管理的绩效，就需要在摇摆、艰难和失败象限里诊断出战略失败的原因，以便找到一种补救的方法，以更有效地实施战略。

2. 分解战略目标

要将战略转化为战略行动，需要在分析战略变化的基础上，把战略方案的内容层层分解，就要使企业每个员工都能明确自己在战略中的地位，明确自己的任务和职责。

企业要将战略分解为数个战略实施阶段，并确定分阶段的战略目标，以及相应的政策措施、部门策略与方针等。特别需要注意各个阶段的分目标及计划应该具体化和可操作化，使战略最大限度地变成企业各个部门可以具体操作的业务。

3. 调整组织结构

企业需要调整或重新组建适当的组织结构以支持变革。作为适应战略实施需要的新型组织结构，它应该符合履行基本职能的效率要求，符合企业不断创新的需要，同时能确保面临重大威胁时做出快速反应的要求。

4. 配置战略资源

企业战略资源是指企业用于战略行动及其计划推行的人力、财力、物力等要素的总和。企业这些战略资源是战略转化行为的前提条件和物资保证。

企业战略资源配置是战略与资源的动态组合。企业在发展过程中，在不同的阶段将其战略不断推陈出新，战略资源也在不断地积累。企业在制定现行战略时，应该充分预测将来的环境、资源的变化，并对资源进行必要的、合理的配置，使资源配置与战略连成一体。

5. 考核与激励

企业要对战略实施的情况进行绩效考核与激励，其内容包括企业是否制定了发展战略目标；企业如何将战略目标有效分解到战术操作层面（各职能战略）；企业采用什么样的绩效管理，工具评估战略目标和引导资源配置走向，企业如何通过绩效考核，控制各业务单元和员工的工作绩效和管理行为等。企业战略实施业绩的考核可以利用关键业绩指标法（KPI）和平衡计分法等方法。

同时，要注意战略实施的激励。对一般人员的激励，其目的就在于促使企业的人员对长期目标、战略计划和创业精神有足够的了解和认识，鼓励他们的战略活动要与企业的战略相一致；对领导人员的激励，目的是鼓励及时创造性的调整战略行为，以调动和维持战略领导人员实施战略管理的积极性和主动性。

6. 过程领导

在战略实施过程中，领导技巧是一个重要因素。就整个组织成员而言，领导需要鼓励全体成员承担实施战略的义务。因此，保证领导风格与战略相适应是重要的。战略管理要求具有机智果敢、勇于创新、远见卓识、知识广博、富有经验，同时有独特的管理魅力的人来担任企业领导者。只有这样，企业战略才会在制定过程中不产生偏差。

二、企业战略实施的控制

战略实施的控制是指在战略方案实施过程中，为了保证按战略方案的要求进行经营而对实施活动所采取的评审、信息反馈和纠正措施等一系列活动。

（一）战略实施控制的要素

战略实施控制有三个基本要素。

1. 确立标准

确定战略控制评价标准、战略控制评价标准是用以衡量战略执行效果好坏的尺度，是战略控制的依据。它由定性和定量两大类指标组成。定性评价标准主要包括战略与环境的适应性、战略执行中的风险性、战略的稳定性、战略与资源的配套性、战略执行的时间性和战略与组织的协调性。定量评价标准可选用下列指标：经济效益综合指数、产值、实现利润、资本利润率、销售利润率、成本费用利润率、人均净产值、市场占有率、物质消耗率、新产品开发等。

2. 衡量绩效

就是把实际战略实施成效与评价标准比较，找出实际战略实施成效与评价标准的差距及其产生的原因。

3. 纠正偏差

绩效评价就是对通过成效衡量发现的问题（负偏差），并针对其产生的原因采取纠正措施。

（二）战略实施控制在战略管理中的作用

第一，企业战略实施的控制是企业战略管理的重要环节，它能保证企业战略的有效实施。战略决策仅能决定哪些事情该做，哪些事情不该做，而战略实施的控制的好坏将直接影响企业战略决策实施的效果好坏与效率高低，因此，企业战略实施的控制虽然处于战略决策的执行地位，但对战略管理是十分重要、必不可少的。

第二，企业战略实施的控制能力与效率的高低又是战略决策的一个重要制约因素，它决定了企业战略行为能力的大小。企业战略实施的控制能力强，控制效率高，则企业高层管理者可以做出较为大胆的、风险较大的战略决策；若相反，则只能做出较为稳妥的战略决策。因此，提高战略实施的控制能力，也是企业战略管理的一项重要任务。

第三，企业战略实施的控制与评价可为战略决策提供重要的反馈，帮助战略决策者明确决策中哪些内容是符合实际的、正确的，哪些是不正确的、不符合实际的，这对于提高战略决策的适应性和水平具有重要作用。

第四，企业战略实施的控制可以促进企业文化等企业基础建设，为战略决策奠定良好的基础。

（三）战略实施控制的方法

1. 以控制时间分类

以控制时间分类可分为事前控制、事中控制和事后控制。

（1）事前控制

事前控制是指对战略实施进行监测，用前馈控制方法对事物前兆进行控制。前馈控制是在工作成果实现之前，去发现将来工作的结果可能出现的偏差，采取校正措施，使可能出现的偏差不致发生，从而可防患于未然。

（2）事中控制

事中控制就是监督实际正在进行的业务，以保证既定目标的实现。企业的战略要依赖于人的活动，没有人的活动，战略就不能实现，所以，对组织成员活动的控制是战略控制的重要组成部分。

（3）事后控制

事后控制是指将执行结果与期望的标准相比较，看是否符合控制标准，然后进行偏差分析，找出原因，确定纠正方案。

2. 以控制主体的状态分类

（1）避免型控制

即采用适当的手段，使不适当的行为没有产生的机会，从而达到不需要控制的目的。如通过自动化使工作的稳定性得以保持，按照企业的目标正确地工作；通过与外部组织共担风险减少控制；转移或放弃某项活动，以此来消除有关的控制活动。

（2）开关型控制

开关型控制又称为事中控制或行与不行的控制。其原理是在战略实施的过程中，按照既定的标准检查战略行动，确定行与不行，类似开关的开与关。开关控制法一般适用于实施过程标准化的战略实施控制，或某些过程标准化的战略项目实施控制。

3. 以控制的切入点分类

（1）财务控制

这种控制方式覆盖面广，是用途极广的非常重要的控制方式，包括预算控制和比率控制。

（2）生产控制

即对企业产品品种、数量、质量、成本、交货期及服务等方面的控制，可以分为产前控制、过程控制及产后控制等。

（3）销售规模控制

销售规模太小会影响经济效益，太大会占用较多的资金，也影响经济效益，为此要对销售规模进行控制。

（4）质量控制

包括对企业工作质量和产品质量的控制。工作质量不仅包括生产工作的质量，还包括领导工作、设计工作、信息工作等一系列非生产工作的质量，因此，质量控制的范围包括生产过程和非生产过程的其他一切控制过程。质量控制是动态的，着眼于事前和未来的质量控制，其难点在于全员质量意识的形成。

（5）成本控制

通过成本控制使各项费用降低到最低水平，达到提高经济效益的目的。成本控制不仅包括对生产、销售、设计、储备等有形费用的控制，还包括对会议、领导、时间等无形费用的控制。在成本控制中要建立各种费用的开支范围、开支标准并严格执行，要事先进行成本预算等工作。成本控制的难点在于企业中大多数部门和单位是非独立核算的，因此缺乏成本意识。

（四）战略实施的控制过程中应注意的问题

1. 战略控制应具有前瞻性

战略控制与日常生产经营控制不同，其重点是企业的目标和方向，所以，管理人员要能预见未来，及时发现和纠正对企业发展方向与长远目标有重大影响的有利和不利因素。

2. 战略控制应该采用例外原则

对战略控制不要样样都抓，有标准的事件只须适当关注，主要是处理非标准情况下出现的例外事件，抓住战略实施的重点进行控制。

3. 战略控制应该有伸缩性

战略控制要有较大的回旋余地，有伸缩性。只要能保持正确的方向，便可取得预期的效果。

4. 战略控制应考虑组织特征

不同的组织有不同的经营环境，管理者和职工在战略控制中的作用也有很大的差异，要根据组织的特征采取相应的控制方法。

第五节　大数据与企业战略思维

移动互联网和现代信息技术的快速发展，将人们的生产生活带入了“大数据时代”。“大数据”与“海量数据”“大规模数据”的概念一脉相承，指的是“科学仪器、传感设备、互联网交易、电子邮件、音视频软件、网络点击流等多种数据源生成的大规模、多元化、复杂、长期的分布式数据集”。大数据在改变人们日常生活方式的同时，也显著地影响着企业的营销方式、管理模式、商业模式、竞争情报获取等多方面。有学者认为，大数据增强了企业决策的不确定性和不可预测性，传统的战略论逻辑遭遇到严峻挑战。大数据的兴起与应用，本质上意味着“一场管理革命”，改变了传统上依赖于经验与直觉决策的行业与领域，将企业带入精准量化管理时代，使企业可以进行更可靠的预测、更有效的决策。

大数据发展对企业经营管理的各方面都产生了深刻影响。管理学界对大数据的影响已有敏锐的洞察，学者们开始重视并试图分析其对商务管理各方面潜在的影响。但梳理已有文献，笔者发现学者们对大数据影响的讨论与分析，主要聚焦于营销管理领域。大数据不再是商业活动的附属品，大数据对企业而言，如同石油一样重要，收集、整合、分析、利用、校准大数据，每一个环节都体现了全新的商业能力。企业高管应重视大数据的价值，将其视为一种竞争要素和战略资源。

一、大数据对传统战略思维的影响

（一）对“以资源为本”战略思维的影响

企业提供产品或服务的特殊能力是基于其核心能力，它是企业可持续竞争优势的来源，不应将企业看作不同资源配置下的不同业务组合，而应将企业看作隐藏于业务组合背后的、更深层次的核心能力的组合。企业只有基于所拥有的资源而不断构建、培育和巩固其核心能力，才能获得可持续的竞争地位。基于核心能力的战略思维，实质上是以资源为本的战略思维模式的扩展和动态化，虽然存在差异，但两者都强调竞争优势的内生性。在以资源为本的战略思维指导下，企业决策者们愈加重视企业是否拥有不同于竞争者的独特资源，是否具有超越竞争对手的核心能力。

在大数据时代背景下，大数据无疑是现代企业重要的战略资源。如果企业基于现代信息技术，掌握各利益相关者特别是顾客的数据，将有助于其竞争优势的获取与维持。

一些传统企业缺乏获取并利用大数据的战略思维，导致在新的竞争环境中失掉了原有的竞争优势。以传统零售行业为例，很多零售企业的结账平台仅用于记录不同货物的销售量、销售金额等信息，缺乏对购买者信息的收集、分析与利用。

在大数据背景下，企业与外界环境之间的边界日益模糊，信息共享和知识溢出成为企业与利益相关者之间合作竞争与协同演化的主要方式。在这样的竞争背景下，信息和知识成为企业管理中的重要生产要素，也是决定企业创新力的关键。基于大数据平台与外界建立社会网络，从外界获取有价值的信息，是企业获得竞争优势的关键。因此，重视大数据这种战略资源，积极获取、利用这种战略资源以获得竞争优势，是“以资源为本”战略思维需要拓展的重心。

（二）对“以竞争为本”战略思维的影响

以竞争为本的战略思维的产生，源于20世纪80年代以迈克尔·波特教授为代表的学者提出的竞争战略理论。在该理论的指导下，竞争成为企业战略思维的出发点。竞争战略理论认为，行业的盈利潜力决定了企业的盈利水平，而决定行业盈利潜力的是行业的竞争强度和行业背后的结构性因素。因此，产业结构分析是建立竞争战略的基础，理解产业结构永远是战略分析的起点。企业在战略制定时重点分析的是产业特点和结构，特别是通过深入分析潜在进入者、替代品威胁、产业内部竞争强度、供应商讨价还价能力、顾客能力这五种竞争力量，来识别、评价和选择适合的竞争战略，如低成本、差异化和集中化竞争战略。在这种战略理论的指引下，企业决策者会逐渐形成"企业成功的关键在于选择发展前景良好的行业"的战略思维。

伴随着大数据时代的到来，产业融合与细分协同演化的趋势日益呈现。一方面，传统上认为不相干的行业之间，通过大数据技术有了内在关联。大数据平台的构建，以及对大数据的挖掘和应用，促进了行业间的融合；另一方面，大数据时代，企业与外界之间的交互变得更加密切和频繁，企业竞争变得异常激烈，广泛而清晰地对大数据进行挖掘和细分，找到企业在垂直业务领域的机会，已经成为企业脱颖而出、形成竞争优势的重要方式。在大数据时代，产业环境发生深刻变革，改变了企业对外部资源需求的内容和方式，同时也变革了价值创造、价值传递的方式和路径。因此，企业需要对行业结构，即潜在竞争者、供应商、替代品、顾客、行业内部竞争等力量，进行重新审视，进而制定适应大数据时代的竞争战略。

（三）对"以顾客为本"战略思维的影响

伴随着20世纪90年代产业环境动态化、顾客需求个性化等发展趋势，以顾客为本的战略思维模式逐渐形成。这种思维模式的核心是，强调企业的发展必须以顾客为中心，无论是增强自身能力，还是拓展市场，都要围绕顾客需求展开。研究顾客需求、满足顾客需求是这种战略模式的出发点。在这种战略理念的指引下，企业决策者意识到，要想获得竞争优势，就要比竞争者更好地发掘并满足顾客需要，创造独特的顾客价值。

在大数据时代，以顾客为本的战略思维也需要有新的变革。围绕顾客需求和企业的产品价值链，大数据时代的一个突出特点是"社会互动"的深刻影响。从新产品开发、测试到新产品的投放，社会互动都扮演着日益重要的角色。

关于大数据时代顾客价值创造方式的分析的一个共同特点是，价值创造的主体变得模糊，社会互动日益突出。传统以顾客为本的战略思维，强调的是企业需要洞察市场、洞察顾客需求，进而设计新产品或改进已有产品，满足顾客需求并创造价值。由于大数据技术的发展，社会互动能够被观察和有效控制。因此，大数据对以顾客为本战略思维的影响，主要表现在重视企业和利益相关者的社会互动，例如，同供应商互动设计更好的零部件，同顾客互动设计新产品、测试新产品、推销新产品。企业与利益相关者的互动，会以更高的性价比创造价值，满足顾客需求，从而获得竞争优势。

二、大数据时代战略思维的主要特征

在互联网时代，人们经常讨论怎样用互联网的方式思维，以及如何持有互联网的思想、互联网的思考方式。在大数据时代，应该有大数据的思维方式。参考美国西北大学凯洛格商学院陈宇新教授的论述，大数据时代的“大数据战略思维”特征主要表现为：定量、跨界、执行和怀疑。

（一）定量思维特征

它是指“一切都可测量”。虽然现实经营管理的情况不是都可以测量，但是企业决策者要持有这样的理念。例如，现在很多餐饮连锁企业都有消费会员卡，但是一般只记录顾客的消费金额，关于顾客消费什么则并没有记录。如果有了这样的记录，每个顾客来消费时，就不仅可以判断他的消费水平，也能分析判断他的消费偏好。管理者如果具备定量思维，秉承一切都可测的思想，记录有用的顾客信息，将会对企业的经营和战略决策产生积极作用。

引领企业实现大数据转型的企业决策者，在进行企业重要决策时，应该养成看“数据怎么说”的思维习惯。参考数据分析结果进行管理决策，既能有效避免仅凭直觉判断的不足和风险，也能改变企业内部的决策文化，将企业经营模式从依靠“劳动生产率”转移到依靠“知识生产率”上来。

（二）跨界思维特征

它是指“一切都有关联”。企业经营的各方面之间都有相关性，应该发挥领导者的想象力，将看似不相干的事物联系起来。例如，移动终端和 PC 终端的跨界，微信、社交网络跟电子商务的跨界，通过跨界能够开创新的商业模式，构建新的价值链。如果说通过大数据挖掘消费者需求考验的是企业的洞察力，那么高效地满足客户需求考验的是企业内在的整合与优化能力。企业要想获得价值最大化，就要善于利用大数据提升价值链的效率，对其商业模式、业务流程、组织架构、生产体系等进行跨界整合，以进一步提升为客户服务的效率和企业竞争力。基于大数据的思维不仅可以提升企业的内在效率，还能帮助企业重新思考商业社会的需求，从而推动自身业务的转型，重构新的价值链。阿里巴巴集团就是充分利用大数据，成功地由一家电子商务公司转型为金融公司、数据服务公司和平台企业，它的转型给金融、物流、电子商务、制造、零售行业带来了深刻影响。

（三）执行思维特征

它是指“一切都可利用”。执行思维强调充分地发掘、利用大数据。企业收集了大量的数据，但存放着不利用属于资源浪费。企业应该注重实效，将大数据蕴含的市场信息发掘出来，并执行下去，及时对市场和利益相关者做出反应。在大数据时代取得成功的企业，并不是简单地拥有大数据，而是通过对大数据的分析，发现市场机会，从而开发新的市场。企业依托大数据分析获得的创意，为市场提供相当独特的产品和服务，通过高效的组织运作与执行，最终赢得顾客、赢得市场。

（四）怀疑思维特征

它是指“一切都可试验”。企业获取了大数据，进行分析获取一定信息之后，有时会导致决策产生更大的偏差。认为有了数据的支持就觉得实际情况就是如此，从而忽略了深入的思考。实际上，有的时候数据会产生误导，所以，不能对数据有盲从的思想，相应地还要有怀疑试验的思想。管理者还需要有怀疑试验思维，要思考获得的大数据是否全面，来源是否精准，不能盲目认为只要拥有大数据，就能够进行精准的决策。

大数据时代，消费者的决策方式、购买行为等发生着显著变化。为此，企业经营管理过程中的战略思维应该进行变革。一方面，要对传统以资源、竞争和顾客为本的战略思维进行升级拓展；另一方面，要发展形成全新的大数据思维。

企业的战略思维涉及企业管理的最高层次，关乎企业的生存与发展前景。当代企业决策者要想获得商业成功，要筑百年基业，就要具备大数据时代的战略思维。许多成功企业的经验证明，正是企业领导层具有大数据时代的战略思维，引领企业开创了新的商业模式、新的价值创造方式，更好地为顾客、为社会创造了价值，才最终成就了企业的爆发式增长。因此，升级传统战略思维，构建大数据战略思维，开展体现大数据时代思维特征的战略管理，是企业可持续发展的重要条件。

三、大数据时代企业战略管理创新途径

新时期，从战略角度有效应对大数据带来的机遇和挑战，企业应该：

（一）树立大数据意识，建立有效的信息平台

现代社会是信息爆炸的社会，企业是否能够树立有效大数据意识，是否能够合理有效地收集数据并进行分析处理，对企业来说是一项巨大的工程。因此，建立有效的信息平台，为专业数据信息分析提供规模性的专业信息服务保障，才能为提高企业服务水平、优

化企业战略管理夯实基础。

（二）重视大数据技术，推进技术革新与改造

重视新技术的推广与应用，是大数据开发的基础和源泉。但复杂的大数据并不一定会为企业创造可观的价值，关键还要看数据分析与应用的效果，特别是大数据时代已经打破了行业之间的壁垒，因此，如何利用大数据技术充分发挥其效用，并加快技术更新和应用的步伐形成真正的规模化数据是当前推进大数据时代发展应用中企业亟须面对与解决的问题。

（三）调整组织结构，搭建组织信息平台

在大数据时代下，企业获得及时有效的数据信息，不仅需要搭建企业自身的云计算下的大数据平台，还需要组织所有员工共同参与到这个过程中来。同时为了适应分散决策的要求，必须调整组织结构，将高耸型组织调整为扁平化的组织结构，调动一线员工工作的积极性与主动性，缓解高层的决策压力。

（四）加强人才培养，制定大数据人才培养战略

企业战略管理需要大量掌握大数据挖掘和数据分析的人才，这不仅需要具备扎实的数学基础知识、数据库知识、统计原理等，还要具有大数据思维意识，能够利用数据分析结构对企业发展、市场前景、竞争趋势进行有效预测，为企业决策提供数据分析支持。因此，这类人才不仅需要大规模的填补，更需要企业制定大数据人才培养战略，进行人才的储备、培养与激励，为企业大数据战略转型提供人才支撑。

第三章 企业营销管理

第一节 市场营销概述

市场营销是指导生产以及联系生产和消费的一系列经济活动。不仅包括生产过程之前的具体经济活动，如市场调研、市场细分、选择目标市场、产品开发等，而且还包括生产过程完成之后的一系列具体的经济活动，如制定价格、选择分销渠道、促进销售等。可见，市场营销远远超出商品流通范围且涉及包括生产、分配、交换和消费的资本总循环过程。

市场营销作为一门独立学科，最早产生于 20 世纪初的美国。从 19 世纪末到 20 世纪初，各主要资本主义国家先后完成了工业革命，科学技术的进步推动了生产规模和市场规模的日益扩大，同时也加剧了资本主义的基本矛盾。这一矛盾表现在市场上，一方面是资本主义生产的高速发展，市场供给和生产能力大规模增加，另一方面是相对缩小的国内市场和国际市场。面对市场上积存产品的不断增加和有效需求的不断减少，资本主义企业不得不关心自己产品的销路，为产品寻求销售市场。在这种情况下，市场营销问题成了资本主义企业经营的首要问题。同时，西方一些经济学家着重于从理论上研究市场营销问题，出版了有关推销、广告、定价、包装业务、产品设计等论著，继而逐步形成了市场营销学的雏形。此后，市场营销学被广泛应用于流通领域。

一、市场营销演变阶段

市场营销观念是企业进行营销管理时的指导思想和行为准则，也是一门商业哲学。任何一种营销观念，都是特定历史条件的产物，随企业营销实践的发展而发展，随市场营销环境的变化而变化。而一定的营销观念一旦产生，必然反过来作用于企业的营销管理。因此，企业市场营销观念是否符合形势，对企业经营的成败至关重要。从国外市场营销的发展历史来看，市场营销观念的演变经历了四个阶段。

（一）生产观念

生产观念就是“能生产什么，就卖什么”的“以产定销”的观念，是社会产品供不应求条件下的一种营销观念。由于产品供不应求，销售不成问题，企业获利的唯一途径是增加产量、提高质量和降低成本，以物美价廉的产品供应市场。在生产观念的指导下，企业把精力集中在生产管理上，根本不过问或很少过问市场需求情况。

（二）推销观念

推销观念又称销售观念。这种观念认为，在产品销售过程中，如果顺其自然的话，消费者通常不会大量购买某一企业的产品，通常表现出一种购买惰性或抗衡心理。企业应积极推销和进行大量的促销活动，千方百计地使消费者对企业产品产生兴趣，劝说他们多购买。这是社会上许多产品在供过于求条件下的一种营销理论，其重点仍然是产品而不是消费者，仍存在一定的局限性。特别是当产品供给非常丰富时，不符合消费者需要的产品无论如何都难以推销出去。

（三）市场营销观念

市场营销观念就是“消费者需要什么，就生产什么”的“以销定产”观念，是社会产品进一步供过于求，整个资本主义市场由卖方市场转变为买方市场条件下的一种营销理论。这种营销观念产生于20世纪60年代。随着科学技术的发展，市场上产品供给日益丰富，消费需求瞬息万变，市场竞争不断加剧。在这种情况下，如果企业生产经营不以消费者为中心，企业就无法生存，更谈不上什么发展。市场营销观念的产生是营销观念的一次“革命”，这一“革命”要求企业把生产经营的重点从产品转移到消费者身上。

（四）社会营销观念

20世纪80年代以后，人们从市场营销实践中发现，市场营销观念也存在不足，它回避了消费者需求的满足同整个社会眼前利益和长远利益的矛盾。实践证明，一味满足消费者的需要也会产生一些消极后果，造成社会性问题，如资源浪费、环境污染等。因此，社会营销观念认为，企业市场营销管理的指导思想不应仅仅是满足消费者的需要和欲望，而且要同时照顾到社会的当前和长远利益。

以上四种营销观念，归纳起来又可分为两类：一类是传统营销，包括生产观念和推销观念，其共同特征是以生产者为导向，以产品为中心，以产定销，作用于卖方市场；另一类是现代营销观念，包括市场营销观念和社会营销观念，其共同特征是以消费者为导向，以消费者需要为中心，以销定产，作用于买方市场。

二、市场营销组合

市场营销组合的定义是综合运用企业可以控制的营销手段，对它们实行最优组合，以取得最佳市场营销效果。市场营销组合是企业为了满足目标市场的需要而加以组合的可控制变数，这些可控制变数很多，可概括为四大基本类型，简称为4P。

（一）产品（Product）

产品是指企业提供给目标市场的产品和服务的集合体，它包括产品的效用、质量、外观、式样、品牌、包装、规格、服务和保证等。

（二）价格（Price）

价格是指企业出售产品和服务的经济回报，包括价目表所列的价格、折扣、折让、支付方式、支付期限和信用条件等，通常也称为定价。

（三）地点（Place）

地点是指企业使其产品可进入和达到目标市场所进行的各种活动，包括商品流通的途径、环节、场所、仓储和运输等，通常也称为分销或渠道或分销渠道。

（四）促销（Promotion）

促销是指企业利用各种信息载体与目标市场进行的多元活动，它包括广告、人员推销、营业推广、公共关系等。

产品、价格、地点和促销是企业市场营销可以控制的四大因素，它们相互联系、相互制约、相互影响。在开展市场营销活动时，不仅要对四因素进行综合考虑、优化组合，还要做好次级组合的决策，这样企业目标才能实现，并且产生最佳的营销效果。

市场营销组合是现代营销管理理论的重要概念之一，它同市场营销观念同等重要。市场营销观念解决企业如何看待市场、看待消费者的问题；市场营销组合解决的是满足市场需要的手段问题，通过对企业可控制因素的有效运用，企业才能真正满足消费者需要，实现其经营目标。

第二节 市场营销机会分析

一、市场营销环境分析

（一）微观环境分析

微观环境是指对企业服务其顾客的能力构成直接影响的各种力量，包括企业本身及其市场营销渠道企业、市场、竞争者和其他社会公众，这些都会影响企业为其目标市场服务的能力。

1. 企业

企业本身包括市场营销管理部门、其他职能部门和最高管理层。企业为实现其目标，必须进行制造、采购、研究与开发、财务、市场营销等业务活动。市场营销部门在制定决策时，不仅要考虑到企业外部环境力量，而且要考虑企业内部环境力量。市场营销部门首先要考虑其他业务部门的情况，并与之密切协作，共同研究制订年度和长期计划；其次，要考虑最高管理层的意图，以最高管理层制定的企业任务、目标、战略和政策等为依据，制订市场营销计划，并报最高管理层批准后执行。

2. 市场营销渠道企业

市场营销渠道企业包括：①供应商；②商人中间商；③代理中间商；④辅助商。在现代市场经济条件下，生产企业一般都通过市场营销中介机构（即代理中间商、商人中间商、辅助商等）来进行市场营销研究、推销产品、储存产品、运输产品等，因为这样分工比较经济。

3. 市场

市场是根据购买者及其购买目的进行划分的。具体包括：①消费者市场；②生产者市场；③中间商市场；④政府市场；⑤国际市场。

4. 竞争者

企业要想在市场竞争中获得成功，就必须能比竞争者更有效地满足消费者的需要与欲望。因此，企业所要做的并非仅仅是迎合目标消费者的需要，而是要通过有效的产品定位，使得企业产品与竞争者产品在消费者心目中形成明显差异，从而取得竞争优势。而竞争者包括：①愿望竞争者；②一般竞争者；③产品形式竞争者；④品牌竞争者。

5. 公众

公众是指对企业实现其市场营销目标构成实际或潜在影响的任何团体，包括：①金融公众；②媒体公众；③政府公众；④市民公众；⑤地方公众；⑥一般群众；⑦企业内部公众。

（二）宏观环境分析

微观环境中所有的因素都要受宏观环境中各种力量的影响。宏观环境是指那些给企业造成市场机会和环境威胁的主要社会力量，包括人口环境、经济环境、自然环境、技术环境以及社会和文化环境等，这些主要社会力量代表企业不可控制的变量。

1. 人口环境

市场营销学认为，企业的最高管理层必须密切注意企业人口环境方面的动向，因为市场是由那些想买东西并且有购买力的人（即潜在购买者）构成的，而且这种人越多，市场的规模就越大。目前，许多国家企业人口环境方面的主要动向有：①世界人口数量迅速增长；②发达国家的人口出生率下降；③许多国家人口趋于老龄化；④许多国家的家庭在变化；⑤西方国家非家庭住户也在迅速增加；⑥许多国家的人口流动性大；⑦有些国家的人口由多民族构成。

2. 经济环境

购买力是构成市场和影响市场规模大小的一个重要因素。而整个购买力即社会购买力又直接或间接受消费者收入、价格水平、储蓄、信贷等经济因素的影响。社会购买力是一些经济因素的函数。正因为这样，企业的市场营销不仅受人口环境影响，而且受到经济环境影响。因此，企业的最高管理层还必须密切注意宏观经济环境方面的动向。企业进行经济环境分析时，要着重分析主要经济因素：①消费者收入的变化；②消费者支出模式的变化；③消费者储蓄和信贷情况的变化。

3. 自然环境

企业的自然环境（或物质环境）的发展变化也会给企业造成一些环境威胁和市场机会，所以，企业的最高管理层还要分析研究其自然环境方面的动向。主要动向包括：①某些自然资源短缺或即将短缺；②环境污染日益严重；③许多国家对自然资源管理的干预日益加强。

4. 技术环境

企业的最高管理层还要密切注意其技术环境的发展变化，了解技术环境的发展变化对企业市场营销的影响，以便及时采取适当的对策。当前，这个方面的主要动向是：①新技术是一种“创造性的毁灭力量”；②新技术革命有利于其改善经营管理；③新技术革命会影响零售商业结构和消费者购物习惯。

5. 社会和文化环境

人类在某种社会环境下生活，久而久之，必然会形成某种特定的文化，包括一定的态度和看法、价值观念、道德规范以及世代相传的风俗习惯等。文化是影响人们欲望和行为（包括企业和消费者的欲望与购买行为）的一个很重要的因素。

二、消费者市场购买行为分析

消费者市场，是指所有为了个人消费而购买产品或服务的个人和家庭所构成的市场。消费者市场是现代市场营销理论研究的主要对象。成功的市场营销者是那些能够有效地开发对消费者有价值的产品，并运用富有吸引力和说服力的营销方法将产品有效地呈现给消费者。所以，研究影响消费者购买行为的主要因素及其购买决策过程，对于开展有效的市场营销活动至关重要。

（一）影响购买行为的因素

消费者不可能在真空里做出自己的购买决策，他们的购买决策在很大程度上受到文化、社会、个人和心理等因素的影响。

1. 文化因素

文化、亚文化和社会阶层等文化因素，对消费者的行为具有最广泛和最深远的影响。文化是人类欲望和行为最基本的决定因素。

2. 社会因素

消费者的购买行为也受到诸如参照群体、社会角色与地位等一系列社会因素的影响。参照群体是指那些直接或间接影响人的看法和行为的群体。直接参照群体又称为成员群体，即某人所属的群体或与其有直接关系的群体。间接参照群体是指某人的非成员群体，即此人不属于其中的成员，但又受其影响的一群人。参照群体对消费者购买行为的影响表现在三个方面：①参照群体为消费者展示出新的行为模式和生活方式；②由于消费者有效仿其参照群体的愿望，因而消费者对某些事物的看法和对某些产品的态度也会受到参照群体的影响；③参照群体促使人们的行为趋于某种“一致化”，从而影响消费者对某些产品和品牌的选择。

3. 个人因素

消费者购买决策也受其个人特性的影响，特别是受其年龄所处的生命周期阶段、职业、经济状况、生活方式、个性以及自我观念的影响。生活方式是一个人在世界上所表现的有关其活动、兴趣和看法的生活模式。个性是一个人所特有的心理特征，它导致一个人对其所处环境做出相对一致和持续不断的反应。

4. 心理因素

消费者购买行为要受动机、知觉、学习以及信念和态度等主要心理因素的影响。动机是一种升华到足够强度的需要，能够及时引导人们去探求满足需要的目标。

（二）购买决策过程

购买决策包括以下几个问题：

1. 参与购买的角色

人们在购买决策过程中可能扮演不同的角色，包括：①发起者，即首先提出或有意向购买某一产品或服务的人；②影响者，即其看法或建议对最终决策具有一定影响的人；③决策者，即对是否买、为何买、何时买、何处买等方面的购买决策完全或部分做出最后决定的人；④购买者，即实际采购人；⑤使用者，即实际消费或使用产品和服务的人。

2. 购买行为类型

消费者购买决策随其购买决策类型的不同而变化。较为复杂和花钱多的决策往往凝结着购买者的反复权衡和众多人的参与决策。根据参与者的介入程度和品牌间的差异程度，可将消费者购买行为分为四种：①习惯性购买行为。对于价格低廉、经常购买、品牌差异小的产品，消费者不需要花时间进行选择，也不需要经过搜集信息、评价产品特点等复杂过程，所以，其购买行为最简单；②寻求多样化购买行为。有些产品品牌差异明显，但消费者并不愿花长时间来选择和估价，而是不断变换所购产品的品牌。这样做并不是因为对产品不满意，而是为了寻求多样化；③化解不协调购买行为。有些产品品牌差异不大，消费者不经常购买，而购买时又有一定的风险，所以，消费者一般要比较、看货，只要价格公道、购买方便、机会合适，消费者就会决定购买。购买以后，消费者也许会感到有些不协调或不够满意，在使用过程中，会了解更多情况，并寻求种种理由来减轻、化解这种不协调，以证明自己的购买决定是正确的。经过由不协调到协调的过程，消费者会有一系列的心理变化；④复杂购买行为。当消费者购买一件贵重的、不常买的、有风险的而且非常有意义的产品时，由于产品品牌差异大，消费者对产品缺乏了解，因而需要一个学习过程，以广泛了解产品性能、特点，从而对产品产生某种看法，最后做出购买决定。

3. 购买决策过程

在复杂购买行为中，购买者的购买决策过程由引起需要、收集信息、评价行为、决定购买和买后行为五个阶段构成。

购买者的需要往往由两种刺激引起，即内部刺激和外部刺激。市场营销人员应注意识别引起消费者某种需要和兴趣的环境，并充分注意到两方面的问题：一是注意了解那些与本企业的产品实际上或潜在的有关联的驱使力；二是消费者对某种产品的需求强度，会随着时间的推移而变动，并且被一些诱因触发。在此基础上，企业还要善于安排诱因，促使消费者对企业产品产生强烈的需求，并立即采取购买行动。

一般来讲，引起的需要不是马上就能满足的，消费者需要寻找某些信息。消费者的信息源主要有个人来源、商业来源、公共来源、经验来源等。

消费者对产品的判断大多是建立在自觉和理性基础之上的。消费者的评价行为一般会涉及以下几个问题：①产品属性，即产品能够满足消费者需要的特性，如计算机的存储能力、图像显示能力、软件的适用性等；②属性权重，即消费者对产品有关属性所赋予的不同的重要性权数。消费者被问及如何考虑某一产品属性时立刻想到的属性，叫作产品的特色属性。但特色属性不一定是最重要的属性。在非特色属性中，有些可能被消费者遗忘，而一旦被提及，消费者就会认识到它的重要性；③品牌信念，即消费者对某品牌优劣程度的总的看法。由于消费者个人经验、选择性注意、选择性曲线以及选择性记忆的影响，其品牌信念可能与产品的真实属性并不一致；④效用函数，即描述消费者所期望的产品满足感随产品属性的不同而有所变化的函数关系。其与品牌信念的联系是，品牌信念是指消费者对某品牌的某一属性已达到何种水平的评价，而效用函数则表明消费者要求该属性达到何种水平他才会接受；⑤评价模型，即消费者对不同品牌进行评价时选择的程序和方法。评价行为会使消费者对可供选择的品牌形成某种偏好，从而形成购买意图，购买所偏好的品牌。

三、组织市场购买行为分析

企业的市场营销对象不仅包括广大消费者，还包括各类组织机构。这些组织机构构成了原材料、零部件、机器设备、供给品和企业服务的庞大市场。为此，企业必须了解的组织市场主要是产业市场及其购买行为。

（一）组织市场的构成要素

组织市场是由各种组织机构形成的对企业产品和劳务需求的总和。它可分为三种类型，即产业市场、转卖者市场和政府市场。

1. 产业市场

产业市场又叫生产者市场或企业市场，是指一切购买产品和服务并将之用于生产其他产品或服务，以供销售、出租或供应给他人的个人和组织。

2. 转卖者市场

转卖者市场是指那些通过购买产品和服务并将之转售或出租给他人，以获取利润为目的的个人和组织。

3. 政府市场

政府市场是指那些为执行政府的主要职能而采购或租用产品的各级政府单位。也就是说，一个国家政府市场上的购买者是该国各级政府的采购机构。

（二）产业市场购买行为

1. 产业市场的主要特点

在某些方面，产业市场与消费者市场具有相似性，两者都有人为满足某种需要而担当购买者角色、制定购买决策等共同点。然而，产业市场在市场结构与需求、购买单位性、决策类型与决策过程及其他各方面，又与消费者市场有着明显差异。与消费者市场相比，产业市场的特点主要有：①产业市场上购买者的数量较少，购买者购买的规模较大；②产业市场上的购买者往往集中在少数地区；③产业市场的需求是引申需求；④产业市场的需求是缺乏弹性的需求；⑤产业市场的需求是波动的需求；⑥专业人员购买；⑦直接购买；⑧相互购买；⑨租赁代替购买。

2. 产业市场购买的决策参与者

产业用品供货企业不仅要了解谁在市场上购买，而且要了解谁参与产业购买者的购买决策过程，他们在购买决策过程中充当什么角色，起什么作用，也就是说要了解其购买者的采购组织。

各企业采购组织有所不同。小企业只有几个采购人员；大公司有很大的采购部门，由一位副总裁主管。有些公司的采购经理有权决定采购什么规格的产品、由谁供应；有些采购经理只负责把订货单交给供应商。

在任何一个企业中，除了专职的采购人员之外，还有一些其他人员也参与购买决策过程。所有参与购买决策过程的人员构成采购组织的决策单位，市场营销学称之为采购中心。企业采购中心通常包括五种成员：①使用者；②影响者；③采购者；④决定者；⑤信息控制者。

并不是任何企业采购任何产品都必须有上述五种人员参加购买决策过程。企业中采购中心的规模大小和成员多少会随着采购产品的不同有所不同。一个企业如果采购办公用的文具，可能只有采购者和使用者参与购买决策过程，而且采购者往往就是决策者。在这种情况下，采购中心的成员较少，规模较小。如果采购一台计算机，其技术性较强，单价高，购买情况复杂，参与购买决策过程的人员较多，采购中心的成员也会较多，规模较大。如果一个企业采购中心的成员多，供货企业的市场营销人员就不可能接触所有的成员，而只能接触其中少数几位成员。在此种情况下，供货企业的市场营销人员必须了解谁是主要的决策参与者，以便影响最有决策力的重要人物。

3. 产业市场购买者的购买情况

产业市场购买者不是只做单一的购买决策，而是需要做一系列的购买决策。购买者要做多少购买决策以及其购买决策结构的复杂性，都取决于产业市场购买者购买情况的复杂性。产业市场购买者的购买情况可以分为三种类型：①直接重购，即企业的采购部门根据过去和许多供应商打交道的经验，从供应商名单中选择供货企业，并直接重新订购过去采购过的同类产业用品。此时，组织购买者的购买行为是惯例化的；②修正重购，即企业的采购经理为了更好地完成采购工作任务，适当改变要采购的某些产业用品的规格、价格等条件或供应商。这类购买情况较复杂，因而参与购买决策过程的人数较多；③新购，即企业第一次采购某种产业用品。新购的成本费用越高，风险越大，需要参与购买决策过程的人数和需要掌握的市场信息就越多。这类购买情况最复杂。

第三节　市场细分及产品价格策略

一、市场细分

市场细分是按照消费者的不同特点而产生的不同需要，把消费者划分为不同的顾客群或市场面的过程。这些不同的顾客群或市场面，就是不同的细分市场。通过市场细分化，可以更深入地了解和发现不同细分市场的不同特点和规律，从而寻找新的市场机会并有针对性地开展市场营销活动。

（一）市场细分的基本原则

企业可以依据不同标准进行市场细分，但并不是所有划分出来的细分市场都是有效的和有用的。要使细分后的市场对企业有用，必须遵循以下原则：

1. 可估量性

细分市场的规模及其购买力是可以估量的，即在这个细分市场可获得足够的有关消费者特性的资料。如果某个市场的资料无法获得，那就无法进行估量，也就不能把它纳入本企业市场细分的范围。在实践中，有些市场捉摸不定、难以估量，就不能对它进行细分。

2. 可进入性

细分的市场应是企业可能进入并能占有一定份额的部分；否则，细分就没有现实意义。

3. 效益性

企业所选定的市场的规模必须足以使企业有利可图；如果细分市场的规模很小，不能给企业带来足够的经济效益，一般就不值得细分了。

4. 稳定性

细分市场必须在一定时间内保持相对稳定，以便企业制定较长期的营销策略，从而有效地开拓并占领目标市场，获得预期效益。如果细分市场变动过快，目标市场如昙花一现，企业营销风险则会随之增加。

（二）评估市场细分

由于市场范围的广泛性，任何企业都无法满足所有消费者的一切需求，企业必须根据自身条件，扬长避短地选择那些能发挥自己优势的市场，作为自己从事生产经营的目标市场。目标市场是一个企业决定提供产品或服务的市场。它是以市场细分为前提的，企业应在认真评估市场细分的基础上，选择恰当的进入策略。评估企业市场细分主要考虑三大因素：

1. 市场因素

有关市场因素，主要考虑七方面的问题：

第一，细分市场的规模。一般来讲，市场规模越大，市场吸引力越强。但是，由于大量的企业受其吸引力的影响，规模较大的市场存在着更为激烈的竞争。此外，小企业不具有在较大规模市场上竞争的优势，因而会把目光投向较小的市场。

第二，细分市场的增长率。市场增长率越大，市场的潜力就越大，因为那里有更多的商机。然而，市场走势良好可能意味着激烈的市场竞争，应结合市场竞争状况来分析市场增长率。

第三，价格敏感度。价格敏感度高的市场，通常风险大，也容易引起价格战，从而会损害商家的利益。

第四，消费者的讨价能力。无论是直接购买者还是中间商，如果他们能够对制造商施加压力，要求降低价格，这无疑会降低市场对制造商的吸引力。

第五，供应商的讨价能力。如果供应商具有较强的讨价能力，原材料的成本价格必定较高，无疑也会降低市场对制造商的吸引力。

第六，进入细分市场的壁垒。对有意进入某市场的企业来说，进入的过程可能存在一些阻力，这也会降低市场的吸引力。然而，如果企业克服了这些阻力，进入了这个市场，那么阻力将会成为其优势，会阻止新的竞争对手的出现。企业如能判断出这一点，那么阻力也会增加市场对企业的吸引力。

第七，退出细分市场的壁垒。如果退出某一细分市场的阻力很大，那么这个市场的吸引力就较弱，企业撤出市场时，就要付出巨大的代价，因此，进入此市场风险较大。

2. 竞争因素

竞争因素主要包括：①竞争的性质。存在激烈竞争的市场，不如竞争程度相对较低的市场有吸引力；②新进入者。企业必须评估市场潜在的动态。即便是目前市场上不存在激烈的竞争，也不一定说明该市场就有吸引力。因为市场是动态的、不断变化的，如果有新成员加入，并且可能带来新科技，就会促使竞争规则改变。这样，进入此市场风险性就较大；③竞争差异。如果消费者的需求存在差异化，就能吸引更多的商家提供差异化的产品和服务参与市场竞争。这取决于正确评估消费者的差异化需要以及企业是否有满足这种需要的能力。

3. 企业能力

除了考虑市场的吸引力，还必须考虑企业服务于市场的能力：①可利用的市场资产。评估目前企业的市场资产是否允许企业开发和利用有吸引力的市场；②成本优势。如果企业能够利用廉价的原料、劳动力或者能够运用科学技术降低成本，则企业在市场中就往往处于优势地位；③科技优势。科学技术是造成利润差别的源泉之一，拥有高技术的企业在市场中往往具有竞争优势；④管理能力。一个新的市场或许很有吸引力，但是如果企业水平低，不足以战胜竞争对手，那么该企业还是不进入此市场为好。

二、产品价格策略

（一）产品及其功能

产品是企业市场营销组合中的重要因素，产品策略直接影响和决定着其他市场营销组合因素的决策，甚至决定着企业市场营销的成败。在现代市场经济条件下，每一个企业都应致力于产品质量的提高和组合结构的优化，以便更好地满足市场需要，提高企业产品竞争力，取得更好的经济效益。

1. 产品的整体概念

在普通人的意识中，产品通常是指经过生产劳动创造出来的具有某种特定物质形态和用途的物体。从市场营销的角度看，这种传统的产品概念过于狭窄，已经不适应市场营销发展的要求了。市场营销学的观点认为，消费者购买某种产品，不单是为了取得一件有形的、可以使用的物体，而且更重要的是为了取得实际利益和满足需要。从这个意义上讲，服务也应当包括在产品范围之内。所以，从现代市场营销角度来理解产品，产品应包括三个层次：

（1）核心产品

核心产品是指向消费者提供的产品的基本效用或利益。核心产品也就是消费者真正要购买的利益，即产品的使用价值。

（2）形式产品

形式产品是指产品的物质形态，即满足消费者需要的各种具体形式。它包括产品的质量、特色、式样、商标、包装等。产品的基本效用必须通过某些具体的形式才能得以实现。

（3）附加产品

附加产品是指消费者由于购买产品而得到的附加服务或利益。它包括提供信贷、免费送货、安装、售后服务等。附加产品的利益来源于对市场需要的深入认识。因为购买者的目的是满足某种需要，因而他们希望得到与满足该项需要有关的一切。

以上三个层次结合起来就是产品的整体概念。在越来越激烈的市场竞争条件下，企业只有站在消费者的角度，用产品整体概念来理解产品，才能生存和发展。

2. 产品功能

根据产品的整体概念，产品是由多种因素构成的组合体。随着社会的发展，消费者对产品的要求越来越高，产品功能越趋完善。一般来说，产品应具备以下功能：

（1）质量

产品质量是产品的生命，也是衡量产品使用价值大小的主要标志。它是指产品适合一定用途，满足社会和人们一定需要所具备的特性，包括产品的性能、寿命、可靠性、安全性和经济性五个方面。

（2）式样、颜色

由于消费者受地域和环境、生活习惯、文化、历史传统等的影响，不同国家、地区的消费者对产品的式样、色泽的喜爱各不相同。

（3）体积

产品实体及包装的大小，因产品而异。就消费品来说，应考虑便于消费者使用、保管和携带。

（4）品牌与商标

品牌与商标是区分同类产品不同生产厂家的主要标志，以便消费者认识和选购产品。

（5）包装

这是对产品实体的保存和养护，便于消费者购买，促进销售。

（6）使用说明和保证

产品使用说明是向消费者介绍产品性能、结构、使用、保养等知识和注意事项的。产品保证是生产企业向消费者提供的保证条件，如“三包”“三保”，以增进消费者对产品的信任。

（7）服务

服务包括售前对产品的广告宣传，售中的优质服务，售后的运送、安装、维修等。此外，服务还包括交货期、信用服务、产品标准等。

（二）价格策略

1. 产品价格

企业产品的价格是产品价值的货币表现，主要取决于生产产品所花费的社会必要劳动时间，同时也受到产品需求与市场竞争因素的影响。价格是影响市场需求和购买行为的主要决定因素，也是市场营销组合中非常敏感的问题。企业通过采用合理的价格策略，有利于开拓、占有市场，增加产品销售量，增加盈利，并且也有利于调节市场供求，满足用户需要。

企业的产品价格除按流通环节划分为出厂价格、收购价格、批发价格、产品调拨价格以及零售价格等外，还可按价格管理权限划分为以下几种：

（1）国家统一定价

即国家各级物价主管部门，为保证有关国计民生的重要产品的供应所制定的统一价格。例如，国家对主要农产品的收购和主要工业原材料、燃料、动力的供给进行定价等。

（2）浮动价格

即为保证市场的相对稳定，国家允许企业产品的价格在国家规定的产品价格范围之内，根据市场供求与生产经营状况上下浮动。浮动价格又分为三种：①最高限价——国家规定最高价格，企业定价只能向下浮动，旨在抑制涨价风；②最低限价——国家规定最低价格，允许企业定价向上浮动，旨在保护某些产品的生产；③中准价——国家规定中准价格和浮动幅度，允许企业产品价格在规定范围内上下浮动。

（3）买卖双方议价

即由买卖双方根据市场供求状况，协商议定价格。

（4）企业自定价格

即由企业根据市场供求和生产经营状况，自行确定价格。它受供求关系的支配，灵活性大。

2. 影响价格的因素

（1）产品成本

产品成本是影响价格最主要的因素。由于价格是价值的货币表现，虽然价格与价值有时会发生偏离，但无论什么产品，其价格与价值的过度偏差总是不能长久的，因此，产品定价时必须考虑产品的价值——社会必要劳动时间。

（2）供需关系

供需关系是市场经济条件下制定产品价格的重要理论依据。在市场经济条件下，市场供需关系决定着市场价格，市场价格又决定着市场供需关系，二者互相制约、互相依存。

（3）国家的价格政策

在社会主义市场经济条件下，为避免生产的盲目性，保证国民经济稳定健康地发展，国家必然要制定一系列的物价政策，对价格进行宏观上的指导和调控，这些物价政策也是制定价格的重要依据。

企业产品定价除考虑以上三个主要因素外，还要考虑产品、市场、消费心理等因素。

3. 企业的定价目标

（1）以利润为定价目标

利润是企业从事经营活动的主要目标，也是企业生存和发展的源泉。在市场营销中很多企业就直接以获取利润作为制定价格的目标。

第一，以预期收益为定价目标。这是指企业以获取投资收益为定价基点，它是以总成本加上合理的利润作为产品的销售价格。企业采用这种定价目标时，必须考虑产品的质量、产品的生命周期、消费者的需求弹性及市场竞争的状况。适度的收益率可使企业获得较长期稳定的收益。

第二，以最大利润为定价目标。获取最大利润是市场经济中企业从事生产经营活动的最高愿望。但以获取最大利润为目标不一定就要给产品制定最高价格；有时定价低，反而可以通过提高市场占有率，使企业在一定时期内获取最大利润。

第三，以合理利润为定价目标。这是指企业在激烈的市场竞争压力下，为保全自己、减少风险，但又限于企业自身实力不足，所以，只能在社会平均成本的基础上，加上适度利润作为定价目标。这是一种兼顾企业利益和社会利益的定价目标。

（2）以销售数量为定价目标

这种定价目标是指企业以巩固和提高市场占有率、维持和提高产品销售量为定价目标。一个企业的市场占有状况，是该企业经营状况和产品竞争力的综合反映，关系到企业的兴衰。通过研究表明，市场占有率的提高也具有获取长期较高利润的可能性。

（3）以应对与防止竞争为定价目标

大多数企业对于竞争者价格十分敏感，在分析了企业产品的竞争能力和市场竞争位置以后，将会做出自己的产品价格选择。定价办法有三种，即低于竞争者价格、等于竞争者价格和高于竞争者价格。这种定价目标易造成价格战，导致两败俱伤，一般不宜采用。

（4）以社会责任为定价目标

这种定价目标是指企业由于认识到自己的行为或产品对消费者和社会承担着某种义务，从而放弃追求高额利润，以消费者和社会的最大效益为企业的定价目标。当前，我国的一些社会福利和公共事业单位，如学校、幼儿园、养老院、公交公司、自来水供应企业等，普遍采用这种定价目标。

4. 定价策略

（1）新产品定价策略

新产品定价是市场营销中十分重要的问题。产品上市之初，定价难以借鉴，定价高了，难以被消费者接受；定价低了，将会影响企业的经济效益。常见的新产品定价策略有三种：

第一，高价策略，又称撇脂定价。是指将新产品的价格定得较高，以期在短期内获取高额利润，尽快收回投资。生产周期短、需求弹性小的高档或奢侈性产品，短期内在一定范围内的紧缺产品以及独家生产的专利产品，可以考虑采用高价策略。

第二，低价策略，又称渗透定价。是指将新产品的价格定得较低，以利于迅速占领市场，取得较高的市场占有率。同时，低价薄利能有效地排斥竞争者的加入，因而能较长期地占领市场。该定价策略适用于需求性大、消费者不甚了解的产品。

第三，中价策略，又称满意定价。它是介于高价策略和低价策略之间的一种定价方法。当企业的产品在质量、成本和声誉上并不突出，而又不愿承担过高风险时，可采用中价策略。

（2）折扣与让价策略

折扣与让价都是以减少一部分价格来争取消费者的定价策略。在市场营销中，常用的折扣与让价策略有以下几种：

第一，现金折扣。这是指对当时或按约定日期以现金付款的购买者给予一定比例的折扣，目的是减少赊销，加速资金周转，防止产生呆账。

第二，数量折扣。这是指按购买数量的多少，分别给予大小不同的折扣，购买数量越多，折扣越大，鼓励大量购买或集中向某一卖家购买。数量折扣又可分为两类：①非累计数量折扣，即规定一次购买某种产品达到一定数量或购买多种产品达到一定金额，给予折扣优惠；②累计数量折扣，即规定购买者在一定时间内购买产品达到一定数量或金额，按总量的大小给予不同的折扣。

第三，交易折扣。是指根据各类中间商在市场营销中所担负的功能不同，而给予不同的折扣。一般说来，给予批发商折扣较大，给予零售商折扣较小。

第四，季节折扣。是指经营季节性商品的企业，对在销售淡季来购买的购买者给予一定比例的折扣，目的是鼓励中间商和用户提前购买，减轻企业的仓储压力，加速资金周转，调节淡旺季销售量的不平衡。

第五，推广定价，有人称为销售津贴。实质上，它也是一种折扣方式。当中间商为产品提供各种促销活动时，如刊登广告、设置样品陈列窗等，生产者乐意给予津贴，或以降低价格作为补偿。

（3）心理定价策略

心理定价策略是针对消费者的不同心理，制定相应的产品价格，以满足不同消费者需求的一种定价策略，主要可分为以下几种：

第一，尾数定价，又称奇数定价。是利用消费者对数字产生的心理错觉，有意将产品价格定在一个与整数有一定差额的数字上，使消费者产生价格便宜的感觉，从而促进购买的一种定价策略。一般情况下，消费者心理感觉小数比整数便宜，奇数比偶数小。

第二，招徕定价。零售商利用部分消费者求廉的心理，特意将某几种商品的价格定得较低以吸引消费者。某些商店每天都有一两种商品降价出售，意在吸引消费者经常来采购廉价商品的同时，也售出其他正常价格的商品。

第三，声望定价。是指为迎合消费者的求名和虚荣心理，对市场有很好信誉和品牌形象的产品制定较高价格的一种方法。它特别适宜于质量好、易鉴别的产品。

第四节　企业分销及促销策略

一、企业分销渠道策略

分销渠道是市场营销组合元素之一。企业的产品或服务必须经分销渠道到达消费者（用户）手中，营销过程才得以完成。

分销渠道是指产品或服务从生产者（企业）向消费者（用户）转移时所经历的线路。分销渠道由参与商品流通过程的企业和个人，如生产者，各种类型的代理商、批发商、零售商等组成。每一条分销渠道的起点是生产者，终点是消费者。合理地选择分销渠道是保证企业再生产过程顺利进行的前提条件。渠道畅通无阻，能加快商品流通的速度，促进生产的发展，否则，即便生产出了好的产品，也不能保证产品及时、安全地到达消费者手中，实现产品的价值。

分销渠道决策与产品策略及其他销售策略有密切关系。产品的性能直接制约着分销渠道的选择，有的产品需要建立十分广泛的销售网，而有的只需要少数经销商从事销售即可。同时，分销渠道对广告宣传策略及价格策略也有重要影响。

（一）中间商的类型与功能

分销渠道的起点是生产企业，终点是消费者，中间商是渠道中的中间环节。中间商联系着企业的产品生产和消费。

1. 中间商的类型

中间商，是指处于生产和消费之间，专门从事商品流通业务的企业或个人。他们介于生产者和消费者之间，参与商品流通业务，促进买卖行为的发生和实现。中间商可分为以下类型：

（1）批发商

批发商是指只向生产者和销售者（零售商）开展销售活动的企业或个人。他们并不直接向最终消费者出售产品。批发商每次交易量较大，并规定有批发起点，以批发价格交易。

（2）零售商

零售商是指直接向最终消费者销售产品的企业或个人。零售商交易频繁，但每次交易量较小，并以零售价进行交易。

（3）代理商

代理商是指对所代理的产品不具有所有权，只是作为生产者企业的代理人执行销售业务，与生产企业签订合同，在指定的区域内销售企业的产品，生产企业则按销售额的一定百分比支付其报酬（佣金）。

（4）经纪人

经纪人是指利用自己在市场信息方面的优势，沟通买卖双方，促成交易实现，并从中获取报酬的企业或个人。随着市场经济的发展，经纪人越来越多地出现在现代市场营销活动中。

2. 中间商的功能

中间商是生产者和消费者之间的桥梁。在现代市场营销活动中，生产企业一般都将一部分销售工作转移给中间商进行。从理论上讲，生产企业直接面对最终消费者，销售产品最迅速、及时和经济。但实际上，由于生产企业财力资源和精力有限，不可能直接销售自己企业的所有产品。借助中间商的市场营销经验、专业才能、联系范围和规模，生产企业可以使本企业产品的分销工作更有效率。中间商在商品流通过程中具有如下基本功能：

（1）集中产品的功能

中间商通过对各生产企业的产品有计划地收购、订购和采购，将产品汇集成较大的批量、较多的品种，减轻了企业的库存压力，方便消费者购买。

（2）平衡供需的功能

中间商往往根据市场实际需要提前购买大量产品，然后适时、适地、适量地向市场供应，从而起到了平衡供给和需求的作用。

（3）扩散产品的功能

由于中间商的存在，企业可把自己生产的产品销售到很广阔的市场。

（二）分销渠道及其策略的类型

1. 分销渠道的类型

分销渠道一般有三种类型：①生产企业→最终消费者或用户；②生产企业→零售商→最终消费者或用户；③生产企业→批发商→零售商→最终消费者或用户。第一种形式是不通过任何中间商，生产企业把产品直接转移给消费者，是一种直接销售形式，适用于生产资料的销售。因为这类产品的用户数量有限，且多数又是大量购买，大多数情况下用户还希望出售者能提供技术服务。后两种形式都要通过中间商，属于间接销售形式，适用于消费品的销售。

2. 分销渠道策略的类型

分销渠道的策略有多种，企业必须综合考虑各种因素，做出正确选择。

第一，广泛销售策略。广泛销售策略是指生产企业对中间商不加任何选择，尽可能多地利用，以增加产品的销售量。这种策略适合于价格低廉、差异不大的日用消费品，或生产资料中的小工具的销售，广告费用一般由生产者承担。企业同中间商的关系比较松散。

第二，有选择销售策略。有选择销售策略是指企业在特定的市场范围内，选择部分中间商销售本企业产品。这种策略适用于选择性较强的日用消费品和专业性较强的零配件以及技术服务要求较高的产品。这种策略有利于加强合作，有利于向消费者提供良好的服务，提高产品的声誉和经济效益。

第三，独家销售策略。独家销售策略是指企业在特定的市场范围内仅选择一家中间商销售其特定产品。这种策略一般适用于新产品、品牌产品以及有某种特殊性能和用途的产品。这种策略使生产者能够得到中间商的有效协作和支持，易于控制销售价格；但增加了生产者对中间商的依赖性，若经营情况不佳则会失去一定的市场。对中间商来讲，获得了该产品经营的垄断地位，得到了生产者给予的各种优惠条件；不过一旦失去经销特权，便会招致较大损失。

二、促销策略

促销是市场营销组合中的一个重要元素，其实质是卖方与买方之间的信息沟通。在现代市场经济条件下，企业促销有极其丰富的内容和极为重要的作用。促销方式或手段包括人员推销、公共关系、营业推广和广告四个方面。由于它们具有不同的特点，需要在实际促销活动中组合运用，使各种不同的促销方式编排组合形成不同的促销策略。明确促销组合中各种促销组合方式的意义和特点，正确应用各种促销策略，对于促进企业产品销售具有重要意义。

（一）促销的概念和作用

1. 促销的概念

促销是指企业通过各种促销手段，向消费者传递产品或服务信息，帮助消费者认识产品的性能和特征，以引起消费者注意，提高消费者的兴趣，激发其购买欲望，促进产品销售的各项活动的总称。

2. 促销的作用

在现代市场营销活动中，促销比之早期的产品推销有更重要的作用。早期的产品推销仅仅局限于促进产品所有权的转移，现代促销活动的作用则更为广泛和深刻。通过促销活动，不仅能帮助或说服潜在消费者购买，而且更刺激了消费需求的产生。一般来说，促销具有以下作用：

第一，传递信息。产品进入市场或即将进入市场，企业通过促销手段及时向中间商和消费者提供信息，能引起社会公众广泛的注意，吸引他们注意这些产品和服务的存在，以便消费者选择购买。

第二，唤起需求。在促销活动中，通过介绍新产品，展示合乎潮流的消费模式，可以唤起消费者的购买欲望，创造出新的消费需求。

第三，促进本企业产品销售。在同一类产品市场上，产品的基本功能大体相同。企业通过促销活动，可以充分显示自身产品的突出性能和特点，加深消费者对本企业产品的了解，从而促进本企业产品的销售，巩固企业市场地位。

（二）促销方式

促销就是向消费者传递产品信息并说服其购买以达到扩大销售的目的。

促销要通过一定的方式进行。促销方式一般来说包括两大类：人员推销和非人员推销。非人员推销又包括广告、公共关系和营业推广三个方面。

1. 人员推销

人员推销就是由推销人员通过访问、座谈、操作表演等活动来说服消费者购买产品。人员推销是人类最古老的促销手段。远在小商品经济时代，商人的沿街叫卖、上门送货就属于人员推销的性质。在商品经济高度发展的现代社会，人员推销这种古老的形式更是焕发了青春，成为现代社会不可缺少的一种促销方式。

（1）人员推销的特点

人员推销同其他推销方式相比，最大的特点是具有直接性。无论是采取推销人员面对面地与消费者交谈的形式，还是采取电话访问的形式，推销人员都在通过自己的声音、形象、动作或拥有的样品、宣传图片等直接向消费者展示、操作、说明，直接发生相互交流。这种直接性的特点，决定了人员推销具有以下优点：

第一，灵活机动。推销人员可根据不同消费者的动机和特点，灵活采用通报方式和解说，帮助消费者辨明问题，指出机会，提出建议，还能及时解答消费者提出的问题。

第二，针对性强。人员推销的目标消费者是明确的，并采用面对面的接触方式，推销效率高。

第三，促使消费者立即采取购买行为。在推销人员的帮助和劝告下，消费者容易做出购买决定。

第四，密切买卖双方关系。推销人员可以帮助消费者解决问题，充当消费者购买的顾问，有利于沟通企业与消费者的关系，消除隔阂，建立友谊。

第五，具有信息反馈功能。推销人员经常接触消费者，能将消费者的态度、意见和要求及时反馈给企业。但是，人员推销也有不足之处，主要是费用开支较大，接触消费者的数量和范围有限，因此，制约了这种方法的应用范围和应用程度。一般来说，当产品价格高、技术复杂或者竞争激烈时，往往需要人员推销，特别是生产资料的销售，买卖双方的依赖性强。若产品技术性强，购买量大，则更需要推销人员沟通产销。

（2）人员推销的组织工作

人员推销是一种特别有效的促销方式。为了提高人员推销的效果，应做好以下工作：①推销人员的选配。人员推销的关键是推销人员。推销人员的素质直接关系到推销的效果以及企业形象。所以，应选择合适的人员来从事这项工作，并且对他们进行有计划的培训；②推销人员的分工。为了充分发挥推销人员的作用，应对推销人员进行合理的分工。一般有三种分工形式：一是按地区分工；二是按产品分工；三是按用户分工；③推销人员的报酬。为了调动推销人员的积极性，除了加强思想政治工作外，还要制定合理的报酬办法，一般采用基本工资加部分浮动工资的办法，浮动工资的多少应与所完成的销售量相联系；④推销人员的工作考核。推销人员远离企业，在外工作的时间多，企业有关部门要经常考核其工作成果。

2. 非人员推销

（1）广告

广告是利用一定媒介，把各种产品或服务的信息传递到潜在消费者中的一种促销方式。广告是一种商业性的大众传播方式，是通过报纸、杂志、电视、广播等群众性媒体，将产品或服务的信息传输给成千上万的消费者。当前，社会生产高度发展，产品品种千差万别，生产者和消费者日益隔离，广告已成为企业向消费者传递信息的重要手段，受到了工商界的高度重视和普遍采用。

广告本身是一种心理影响方式，旨在用有意识的方法，促使消费者自愿地接受和执行广告的内容。从企业的角度讲，广告的作用有：沟通信息，促进流通；激发需求，促进销售；介绍知识，指导消费。

广告分为两类：一是产品广告，即以产品为主体的广告，目的是希望立即引起消费者的购买行为；二是企业广告，即以企业为主体的广告，其目的在于建立该企业的信誉，树立该企业的形象。

（2）公共关系

在现代市场营销中，公共关系是指企业与相关公众为实现双向沟通、谅解、信任、合作而进行的有目标、有计划的公共活动。

企业公共关系作为一种特殊的促销形式，主要包括：①企业公共关系是企业与其相关的社会公众的关系。这些社会公众主要包括供应商、消费者、竞争者、信贷机构、新闻传媒等等。企业不是孤立的经济组织，而是社会群体中的社会组织。企业公关是指要同这些社会公众建立良好的关系；②企业形象是企业公共关系的核心。企业公共关系的一切活动都是围绕建立良好的企业形象来进行的。企业形象是指社会公众对企业的综合评价。良好的企业形象是企业的无形资产，对促进企业产品的销售、提高企业竞争力具有非常重要的作用；③企业公共关系的最终目的是促进商品销售。表面上看，企业公共关系仅仅是为了建立良好的形象，似乎并不存在促销的功能，但实质上，公共关系是一种隐性的促销方式，建立了良好的企业形象，企业首先推销了自身，从而也带动了自身产品的销售。

（3）营业推广

营业推广是指为刺激需求而采取的能够迅速引起购买行为的促销方式。与其他促销方式不同，营业推广多用于一定时期、一定任务的短期特别推销。一般来说，人员推销、广告、公共关系等促销方式都带有持续性和常规性，而营业推广常常是上述推销方式的辅助手段，用于特定时期、特定产品的促销。

营业推广的方式很多，企业应根据营销目标、市场类型、竞争环境、政策法规等做出正确选择。

第五节 基于大数据挖掘的精准营销策略

一、基于大数据挖掘的 STP 分析

STP 分析是指企业在制定营销策略之前的市场细分、目标市场选择、市场定位三个方面，它是市场营销过程中不可或缺的一部分。

（一）基于大数据挖掘的市场细分

市场细分指的是将整个市场划分为若干个有效的子市场，其中，有效二字指的是各个子市场之间的群体需求有着明显的差异，而各子市场内的消费者之间具有高度相似的需求。市场细分的目的就是为了企业能够找到合适的目标市场，而前提则是市场中的消费者之间存在着对产品的差异性需求。然而，一方面由于消费者人数众多，另一方面是差异性需求难以直接识别或度量，于是这就给企业在市场细分过程中增加了难度。企业传统的市场细分方法都是以市场调查员通过以常见的诸如地理位置、性别年龄等细分变量作为市场细分的依据。然而仅仅依据这些细分变量还无法达到有效的市场细分。而在大数据时代，海量的消费者行为数据让企业能够更好地按照消费者的行为习惯来进行市场细分，通过大数据挖掘中的分类方法，把具有相同行为特征的归到一起。其中，关于特征的选取可以是单维度的也可以是多维度的。

所以，区别于传统的市场细分，大数据应用于市场细分在以下方面起到更为重要的作用：

第一，数据采集的维度更为全面，数据采集更为实时，尤其是在行为数据的采集方面更为及时、细腻和全方位。

第二，用大数据算法进行细分模型建模，可以吸纳更多的细分维度，从而可以细分更加有效的群体，群体人员较少且具有高度相似的需求特征。

第三，数据更新更快，计算速度更快，市场细分模型更新速度更快，对于用户需求的变化也能够更加及时地反映，从而使得市场细分这个过程变得又快又准。

第四，通过大数据算法判定的细分群体可以实时地进行最有效营销活动推荐，并可以用大数据计算出最为有效地直达这些细分群体的推广渠道。

因此，将传统的市场调研智慧与大数据的巨大威力相结合，能够对消费者以及市场做更为深入的分析，有利于企业制定出有针对性的营销策略，提高营销效率，提升企业利润。

（二）基于大数据挖掘的目标市场选择

基于大数据挖掘的目标市场选择指的是在基于大数据挖掘的市场细分之后，选择其中一个或多个子市场并进入。目标市场的选择有以下三个标准：

1. 目标市场规模与潜力

一定的规模和发展潜力是企业在目标市场选择时的第一个标准，企业进入某一细分市场是希望能够从该市场中获得一定的经济收益，所以，如果目标市场的规模过于狭小或者几近萎缩状态，企业则很难获得良好的发展。相反，如果目标市场规模较大且具备一定的发展潜力，则企业在进入目标市场之后则有一定的发展空间。

2. 目标市场结构

目标市场结构指的就是目标市场的构成，包含了消费者、供应商、竞争对手等群体。它是企业确定目标市场时的第二个标准，即在具备一定规模的前提下，还要确定其结构组成，因为已有的市场结构会影响到企业在该市场中的地位以及获利情况。通常来说，目标市场结构对于企业获利能力的影响主要来自现有竞争对手、潜在竞争对手、替代产品、消费者以及供应商这五个群体。

3. 目标市场吻合度

目标市场吻合度指的是企业与市场之间的匹配度。即企业在选择目标市场时不单单要考虑已有的市场结构，还要评估企业的自身能力以及企业未来的发展方向和目标，只有在企业拥有一定的实力，而且未来发展方向与目标能够与市场具有一定的契合度的情况下进入该目标市场，企业才有可能在该目标市场立足并具备一个长期的、稳定的、良性的可持续发展。

区别于以往目标市场选择，基于大数据挖掘的目标市场选择在原来定性化的选择标准上使其能够定量地衡量，同时，不但能够更加准确地把握消费者的需求，还能够对竞争对手的情况进行监控，并对市场的未来发展进行一定程度上的预测，使得企业对目标市场的选择更加科学有效。

（三）基于大数据挖掘的精准市场定位

市场定位指的是企业在进入目标市场之后，面对现有竞争对手的产品，企业要生产出跟现有产品之间具有明显差异的产品并且在消费者心中得到认可、引起共鸣。即根据消费者对于产品某种属性的关注度或者重视度，在产品设计能够着重突出该产品属性，从而在消费者的心中塑造出一种该企业产品与其他竞争对手的产品相比有着独有的、鲜明的特征，能够给人一种与众不同的感觉，满足消费者的个性化需求心理。市场细分是为了企业更好地选择市场，市场定位则是为了消费者更好地找到企业，它的实质就是通过准确的市场定位将企业与现有的竞争对手区别开来，并且能够让消费者明显地感受到该区别，从而使得企业和企业产品在消费者的心中占据特殊的位置。

区别于以往的市场定位，由于无法准确把握消费者对产品真正的诉求点，即不知道目标用户对该产品的哪些属性更为重视，导致无法满足用户的真正需求，也就无法突出产品特色。而基于大数据挖掘的市场定位是在基于大数据挖掘的市场细分和目标市场选择的基础上，对用户的需求和偏好有更深的把握，从而在用户更为关注的产品属性上下功夫，塑造出产品与众不同的感觉，与其他竞争对手的产品明显区分开来，为后续的精准营销策略铺路。

二、精准营销策略

（一）个性化产品提供

个性化可以说是人类消费心理的一个共同特征，对个性化产品的需求也是早已有之，而随着经济的发展和社会的进步，消费者的个性化需求也愈演愈烈，已然成为一种常态。一方面是基于市场竞争环境日趋激烈，市场上具有相同基础功能的产品种类越来越多，这就使得企业要在产品上比竞争对手更有优势；另一方面，人们的消费观念和消费水平与以往有着很大的改变，不再盲目从众、追求时尚，更多的是基于自己的偏好和消费水平进行个性化消费。因此，个性化产品从消费者的角度来看，指的是能满足消费者个性化消费需求的产品；从企业竞争优势角度来看，个性化产品就是拥有比竞争对手同类产品所没有的特性和优势。

1. 基于用户偏好的产品设计

正如前面所提到的精准营销的核心在于“精准”二字，其中“精”字在前，说明了精准表明了精制产品的重要性，即能够满足消费者个性需求的精美的、定制的产品的重要性。区别于传统用户偏好识别，基于消费者全方位行为数据的挖掘，能够更加准确和快捷地识别用户偏好，以满足用户偏好为切入点进行产品设计。

2. 基于竞争优势的产品外延

产品外延指的是企业在产品的设计及生产过程中，在保留核心产品层次（产品的直接功能）的基础上，不断地丰富产品的其他层次，诸如产品的期望功能、附加功能等，即从原来的只注重产品的核心层次到产品五层次的全面丰富。导致现代企业做出这一产品转变的是源于市场竞争的白热化和消费者需求的多样化、复杂化。在产品核心功能几乎没有差异的情况下，企业只有不断地丰富产品的其他层次的内容和功能，才能够更好地满足消费者的多样化需求，从而获得竞争优势，赢得消费者。所以，产品外延已然成为企业获得竞争优势的一种有效途径，更是一种新的竞争焦点，因为消费者不再仅仅满足于产品的直接效用和功能，他们更希望能够在消费产品的过程中得到优质的服务以及享受到产品直接功能之外的附加功能。著名的美国管理学家李维特说过这么一句话：当代企业之间的竞争不再仅仅局限于工厂制造出来的那些产品，恰恰相反的是那些在工厂之外的诸如产品的包装、广告、物流以及售后服务等其他消费者关注和认为有价值的地方。

（二）差异化价格制定

对不同的消费者而言，他们有着各自的个性化需求，就算是同样的一件商品，它可能满足的是消费者的不同心理或需求，即它给消费者带来的效用是不同的。所以，对这样的一件商品，不同的消费者对产品的价格会有不同的接受程度，即他们的支付意愿不一样。比如说有的人觉得该产品是一种身份地位的象征，所以再贵也要买，有的人则不以为然。因此，企业要改变以往单一的定价策略，以大数据挖掘为基础，识别消费者的需求和购买力，根据不同的需求和产品价格弹性进行差异化定价，从而在满足消费者个性化需求的基础上实现企业利益最大化。

并不是所有的企业都可以实施差异化定价策略，它必须具备一定的条件。第一，市场必须能够有效细分，即每个细分的子市场间不同的需求程度能够明显识别。市场有效细分的目的就是根据不同的市场需求价格弹性制定不同的价格策略。比如，我们常见的工业用电与居民用电之间的差别，由于工业用电的需求量较大，所以，对价格很敏感，价格的轻微变动都有可能使得需求发生极大变化。而居民用电则不同，由于用电需求量不多，对于价格不是很敏感。因此，供电公司可以采用差异化的价格策略，降低工业用电价格，提升居民用电价格来获得更多的利润；第二，市场中不存在投机的行为，即市场不存在投机者通过低价买高价卖的行为。因为，如果市场存在这样的行为一方面会导致企业的利益被这些投机者所占据，另一方面，价格差别会随着套利的行为而渐渐消失，变成一样的价格。所以，企业要严格控制产品渠道，防止出现套利行为。此外，企业在进行防止套利行为或者说控制市场所花费的代价不能超过由差别定价所带来的额外收益，如果代价比收益还要大，则没有必要实施差别定价。而且，这种差异化的价格策略必须是合法的，同时不能引起消费者的反感和敌意。

在现实生活中，我们可以采取以下几种不同的差异化定价方式：

1. 基于顾客的差异化定价

所谓基于顾客的差异化定价指的是根据不同顾客对于产品的欲望程度、购买力以及顾客忠诚度等因素，制定不同的价格。如企业可以根据顾客产品购买数量的大小给予不同的单位产品价格；另外企业还可以根据顾客忠诚度来制定差异化的价格，如对于长期购买企业产品的顾客给予较新顾客更低的价格等。

2. 基于渠道的差异化定价

所谓基于渠道的差异化定价是企业根据消费者购买产品渠道的不同，在不同渠道成本的基础上进行差异化定价。如企业可以根据消费者是否从线上购物或者线下实体店购物，给予不同的价格；另外，企业同样可以针对不同渠道的关税成本制定不同的产品价格，如我们常见的手机有港版与内地版本之分等。

3. 基于时间的差异化定价

所谓基于时间的差异化定价是指根据时间具有不可逆转的特殊性，每个人在产品需求上对于时间的要求也各不相同。所以，企业就可以根据时间这一特性在产品上制定基于时间的差异化价格策略。一般来说，基于时间的差异化定价可以用在季节性或者节假日。如航空公司都会在旅游旺季或者旅游黄金周的时间段内提升机票的价格。

（三）精准化营销信息传播

精准化营销信息传播指的是将关于企业的产品广告、促销活动等商业信息向目标受众推送，引起目标受众关注并产生点击、阅读等行为，为消费者购买产品做好前期工作。它包含两个方面：一方面指的是目标受众，即营销信息应该向谁推送；另一方面是信息内容，即推送什么样的信息。精准的营销信息推送是精准营销成功的重要条件，相反，如果出现盲目的推介，则会造成营销的浪费，甚至引起顾客的反感而丧失顾客。在大数据时代之前，由于企业无法搜集足够多的用户信息并对其进行分析，所以，无法判断哪些是他们正苦苦寻找和需要的目标受众，进而无法采取有针对性的传播内容。因此，对很多的企业来说，他们在进行市场营销的过程中，都会面临着一个同样的问题，那就是明知道有一半的广告是浪费，但是由于不知道具体浪费在哪里，导致浪费一直在继续。而随着大数据时代的到来，这个问题不再是问题。

1. 基于 RTB 的实时传播

RTB 是英文“Real Time Bidding”的首字母缩写，中文意思是“实时竞价”。它是一种以大数据技术为支撑的精准传播手段，其原理是当某一个网络用户利用互联网搜索过某些信息、浏览过某些商品、点击过某些广告窗口或链接的时候，所有的这一些行动都会被毫无保留地通过 cookie 记录下来，然后通过广告交易平台，用户在下一次的上网过程中，系统在以往用户行为判定的基础上，将会向用户推送一些符合其兴趣偏好的广告，从而既节省了企业的广告成本，也让广告变得更加精准，不会造成盲目推介的情况，达到企业与用户间的双赢。

2. 基于互动社交的内容传播

每个人的生活中都有自己的社交圈子，有且不止一个。同时，身为同一个圈子中的成员基本上会有某种相同的特征，并且作为圈中独立的一个个体多多少少会受到圈子里其他个体的影响，而且该影响会形成一种滚雪球效应，即该影响会从最初的一个圈子扩散到很多个圈子。随着社交网络的快速发展，我们将圈子搬到了社交软件上，我们每天都花大量的时间在社交软件上聊天、交友、诉说心情、分享购物体验等，而这些社交行为会对其他的圈子成员产生一定的影响。企业则可以有效地利用社交用户的自主性和基于对社交圈子的信任来营造内容传播，同时，企业要利用大数据的力量寻找社交圈子的意见领袖来扩大影响范围，即通过影响意见领袖进而影响其他人，如微博明星的粉丝效应。因此，企业应该树立“消费者即营销者”的理念，鉴于圈子成员间具有某种相同特征并且人们更加倾向于相信自己认识的社交圈好友，企业应该在各社交圈子里积极传播一些个性化的产品信息和营销内容。

（四）全方位、多渠道沟通体系

营销不仅是企业产品的单方面的推广，也需要有足够的渠道让消费者去了解企业更多的信息，因此，有效的沟通渠道往往让营销变得事半功倍。

随着移动互联网和移动智能终端的发展，消费者对于信息的获取相对于之前变得简单很多。因而，当消费者有了某些产品购买的需求或者对传播的广告内容产生兴趣引起对产品的关注，消费者就会想方设法地利用自己擅长或习惯的方式去获得更多的产品信息，为产品的购买提供决策支持。企业要利用“比用户更了解用户自己”的大数据优势洞察消费者的行为习惯，在用户惯用的沟通方式上，在用户较为关注或敏感的信息点上有针对性地与用户之间展开高效的沟通与互动，在提供精准信息的同时获得用户的好感与认可，并进一步对其强化品牌认知、引导消费。目前，企业可以通过诸如电话呼叫中心、电子邮件、网络客服、企业官网、社交媒体以及实体店等多种维度来构建一个以消费者为中心的全方位沟通体系。

第四章 企业人力资源管理

第一节 企业人力资源管理概述

一、人力资源及其特点

（一）人力资源概念

人力资源是与自然资源或物质资源相对应的概念，与人口资源、劳动力资源和人才资源相关的概念。

人口资源是指在一定时期内一个国家或地区的人口总体。人口资源主要表明的是数量概念，劳动力资源、人力资源、人才资源都以其为基础。

劳动力资源是指在一定时期内一个国家或地区有劳动能力并在劳动年龄范围内（16~60岁）的人口的总和，侧重于劳动者数量。

人力资源指在一定时期内一个国家或地区具有或将具有为社会创造物质和文化财富的、从事体力劳动和智力劳动的人们的总称。人力资源有广义和狭义之分：广义的人力资源是指以人的生命为载体的社会资源，凡是智力正常的人都是人力资源；狭义的人力资源则是有智力和体力劳动能力的人的总称，包括数量和质量两个指标，也可以理解成为社会创造物质文化财富的人。

人才资源指一个国家或地区具有较强的管理能力、研究能力、创造能力和专门技术能力的人的总称，是在一定时期内杰出的、优秀的人力资源，着重强调人力资源的质量。它反映了一个民族的素质和发展潜力，是人力资源中最为宝贵和精华的部分，是企业中优秀的生产、管理、服务人员的总和，即企业精英或者说企业骨干与核心员工。

我国人口资源、人力资源、劳动力资源丰富，但是人才资源却相当贫乏。这是我国长期以来只重视人力资源的利用，忽视人力资源开发所造成的恶果。因此，我国必须重视教育和人力资源开发，不断地提高人力资源的质量。

（二）人力资源特征

人力资源是第一资源，与企业拥有的其他资源相比，人力资源具有以下特征。

1. 生物性

人力资源属于人类自身所有并存在于人体中的一种有生命的“活”的资源，与人的自然生理特征相联系，具有生物性。

2. 主观能动性

人力资源可以有意识、有目的地进行活动，能对自身的行为做出抉择，并根据环境变化进行主动调节。只有人力资源才能调动、控制和加工其他资源，才能创造出价值。人的主观能动性及潜能的调动情况体现着人力资源开发的程度。

3. 时效性

人力资源的形成、配置、开发及其使用都受到时间的限制，具有时效性。从当代医学、生物说学角度看，人的劳动能力及能被开发利用的时间都被限制在生命周期的中间一段。而在这一段中，又视人才的类别、层次的不同，具有其才能发挥的最佳期、最佳年龄段及最佳时段。这意味着人力资源管理必须适时开发，及时利用，应讲究时效性。

4. 连续性

一般的物质资源只有一次开发或二次开发，且形成产品后不存在继续开发问题。人力资源则不同，可通过继续教育和终身学习进行再次开发，具有连续性。因此，人力资源的培训与开发已经成为现代企业人力资源管理的重要内容。

5. 再生性

人力资源是可再生资源，通过人口总体内个体的替换、更新和劳动力的消耗—生产—再消耗—再生产的过程实现其再生。人力资源的再生性，除受生物规律支配外，还受到人类自身意识、意志的支配和人类文明发展活动的影响和新技术革命的冲击。

6. 资本性

人力资源是资本性资源，可以投资并得到回报。与物质资本不同，人力资本是一种活的资本，是劳动者能力和价值的资本化，可以能动地进行自我投资、自我择业和自我创业，可以自我增值、自我利用。

7. 社会性

从宏观上看，人力资源总是与一定的社会环境相联系，它的形成、开发、配置和使用都是一种社会活动。从本质上讲，人力资源是一种社会资源，应当归整个社会所有，而不应仅仅归属于某一个具体的经济单位。

二、人力资源管理的含义及内容

（一）人力资源管理的含义

人力资源管理就是企业通过工作分析、人力资源规划、员工招聘选拔、绩效考评、薪酬管理、员工激励、人才培训和开发等一系列手段来提高劳动生产率，最终达到企业发展目标的一种管理行为。人力资源管理的最终目标是促进企业目标的实现。

（二）人力资源管理的内容

1. 工作分析

工作分析是指对企业各个工作职位的性质、结构、责任、流程，以及胜任该职位工作人员的素质、知识、技能等，在调查分析所获取相关信息的基础上，编写出职务说明书和岗位规范等人事管理文件。

2. 人力资源规划

人力资源规划也叫人力资源计划，是指为实施企业的发展战略，完成企业的生产经营目标，根据企业内外环境和条件的变化，通过对企业未来的人力资源的需要和供给状况的分析及估计，运用科学的方法进行组织设计，对人力资源的获取、配置、使用、保护等各个环节进行职能性策划，制订企业人力资源供需平衡计划，以确保组织在需要的时间和需要的岗位上，获得各种必需的人力资源，保证事（岗位）得其人、人尽其才，从而实现人力资源与其他资源的规划。

3. 员工招聘与录用

员工招聘与录用是指根据人力资源规划和工作分析的要求，为企业招聘、选拔所需要人力资源并录用安排到相应岗位上。

4. 绩效管理

所谓绩效管理，是指各级管理者和员工为了达到组织目标，共同参与的绩效计划制订、绩效辅导沟通、绩效考核评价、绩效结果应用、绩效目标提升的持续循环过程。绩效管理的目的是持续提升个人、部门和组织的绩效。

5. 薪酬管理

薪酬管理包括对基本薪酬、绩效薪酬、奖金、津贴以及福利等薪酬结构的设计与管理，以激励员工更加努力地为企业工作。

6. 培训与开发

培训与开发是指通过培训提高员工个人、群体和整个企业的知识、能力、工作态度和工作绩效，进一步开发员工的智力潜能，以增强人力资源的贡献率。

7. 职业生涯规划

职业生涯规划是指鼓励和关心员工的个人发展，帮助员工制定个人发展规划，以进一步激发员工的积极性、创造性。

8. 劳动关系管理

劳动关系管理是指协调和改善企业与员工之间的劳动关系，进行企业文化建设，营造和谐的劳动关系和良好的工作氛围，保障企业经营活动的正常开展。

三、人力资源的管理类型

（一）控制型参与管理

控制型参与管理适合于刚开始导入参与管理模式时使用。严格地讲，它不属于真正意义上的参与管理，只是从传统管理向现代管理的一种过渡。控制型参与管理强调控制，在传统的自上而下管理模式之下，引入自下而上的管理反馈机制，让员工的建议和意见有一个正式的反馈渠道，渠道的建设和管理仍然由管理人员负责。这个阶段对于知识层次较低的工人管理可能会持续相当长的一段时间。

（二）授权型参与管理

在授权型参与管理中，员工已经被赋予少量的决策权，能够较灵活地处理本职工作以内的一些事务。对于知识型员工的管理，在一开始，就可以从这个阶段入手。授权型参与管理的重要意义在于，它让员工养成了自主决策，并对决策负责的习惯。由于经验和能力的问题，员工常常会有一些决策失误，所以，还需要管理人员进行管理。在这个阶段，要允许员工犯错误，当然不能连续犯同类的错误，管理人员的管理职能也逐渐转化为指导职能。

（三）自主型参与管理

授权型参与管理使员工自我决策和自我管理能力有了很大的提高，就可以进入自主型参与管理阶段。在这个阶段，员工有更大的决策权限，当然也要为决策的失误负更大的责任。员工在工作过程中，对信息的获取量越来越大，员工之间的沟通和讨论越来越频繁。企业对每位员工实行目标管理，由员工自主决策工作的过程，但要保证达到企业要求的工作结果。企业管理人员的管理职能，从指导职能逐渐转化为协调职能。

（四）团队型参与管理

团队型参与管理已打破了传统的行政组织结构体系，根据企业发展需要临时组建或撤销职能团队。每个职能团队有明确的工作目标，团队中的成员可以自由组合，也可以由企业决策层指定。由于部门的撤销，大量的管理人员将加入团队，丧失了管理职能。在团队中，由团队成员自主选择团队协调人。团队协调人不是团队的领导，他没有给其他成员安排工作的权力，他只在团队内部或与外界沟通发生冲突时起到调解人的作用。团队协调人没有企业的正式任命，只是一个民间职务，他可以根据团队的需要随时选举和撤销。团队协调人也有自己的工作，与团队其他人员同等待遇。由企业指定团队工作目标，由团队成员讨论达成工作目标的方式，然后各自分工相互协作完成工作。

第二节 人力资源引进与培养

一、人力资源引进

（一）人力资源引进的目标与原则

1. 人力资源引进的必要性

人力资源引进就是企业采取一些科学的方法寻找、吸引应聘者，并从中选出企业需要的人员予以录用的过程。它包括征召、筛选和录用三个阶段。

人力资源引进主要在以下几种情况下提出：①新组建一个企业；②原有企业由于业务发展而人手不够；③员工队伍结构不合理，在裁减多余人员的同时，需要及时补充短缺专业人才；④企业内部由于原有员工的调任、离职、退休或死伤出现职位空缺。总之，人力资源部门需要不断吸收新生力量，为组织不断适应市场和发展需要，提供可靠的人力保障。

2. 人力资源引进的目标

企业在决定要引进新的人力资源时，就应当确定引进的目标，如需要引进几位新人、要引进什么样的人才等。这里仅简要介绍人力资源引进的普遍目标。

（1）获得企业需要的人才

新补充进来的员工就像制造产品的原材料，他们的素质高低对企业今后的生产经营活动会有很大的影响。如果不能招聘到合适的员工，企业在时间和资金等方面的投入都会有很大的浪费，并且可能影响企业员工的士气。因而，以获得企业需要的人员为招聘目标，有利于保证企业人员的素质，提高人员的使用效率。

（2）减少不必要的人员流失

企业不仅要招聘到人，更要留住人。能否留住有用的员工，招聘工作的好坏是一个重要的因素。应该肯定的是，那些认可公司的价值观，在企业中能找到适合自己兴趣、发挥自己能力的岗位的人，在短期内离开公司的可能性比较小。而这就有赖于招聘过程中双方信息的有效传递和企业对应聘者的准确评价。

（3）树立企业形象

招聘过程是企业代表与应聘者直接接触的过程。负责招聘的人员的工作能力、招聘过程中对企业的介绍、面试的程序以及招聘或拒绝什么样的人等都会成为应聘者评价企业的依据。招聘过程既可能帮助企业树立良好的形象、吸引更多的应聘者，也可能损害企业形象，使应聘者失望。

3. 人力资源引进的原则

人力资源部门在引进人才时，只有遵循一定的原则，才能实现既定的引进目标。在引进人才的过程中，须遵循的原则有以下几点：

（1）公开招聘原则

公开招聘原则指招聘信息、招聘方法应公之于众。这样做不仅可以将录用工作置于公开监督之下，以防不正之风，还可以吸引大批的应聘者，从而有利于企业找到合适的人才。

（2）平等竞争原则

平等竞争原则指对所有应聘者应一视同仁，不得人为地制造各种不平等的限制。要通过考核、竞争选拔人才，“赛马不相马”。以严格的标准、科学的方法对候选人进行测评，根据测评的结果确定人选，来创造一个公平竞争的环境。这样既可以选出真正优秀的人，又可激励其他员工积极向上，减少“相马”的主观片面性。

（3）效率优先原则

效率优先原则即以尽可能少的招聘成本录用到合适的人员。选择最适合的招聘渠道、考核手段，在保证任职人员质量的基础上节约招聘费用，避免长期职位空缺造成的损失。

（4）双向选择原则

双向选择原则是指企业根据职位说明书的要求自主地选择需要的员工，同时，劳动者也可以根据自己的条件自主地选择职业。在招聘过程中，招聘者不能以主观意志为转移，只一味地去选择，更要考虑所需人员的需求，创造吸引他们的条件，使他们愿意为企业工作。

（二）人力资源引进的方法

1. 人力资源引进的程序

确定招聘结果有一个科学的过程，只有按照一定的程序来进行招聘，才可能招到合适的人选，才能实现组织目标。员工招聘的基本程序包括：招聘决策、发布招聘信息、招聘测试、确定录用结果。只有重要岗位才需要经过以上四大步骤，非重要岗位不需要经过以上步骤也可以完成招聘计划。

（1）招聘决策

招聘决策是指组织中的最高决策层关于如何填补空缺岗位的决定过程。

在做招聘决策时须遵循以下步骤：①由用人部门提出申请。需要增加人员的部门负责人向人力资源开发管理部提出需要人员的人数、岗位、要求，并解释理由；②人力资源开发管理部复核。人力资源开发管理部门到用人部门去复核申请，是否一定要这么多人员，减少一些人是否可以，并写出复核意见；③最高管理层做出决定。根据组织的不同情况，可以由总经理工作会议决定，也可以在部门经理工作会议上决定。决定应该在充分考虑申请和复核意见的基础上产生。

招聘决策的主要内容包括以下几点：①什么岗位需要招聘？招聘多少人员？每个岗位的具体要求是什么？②何时发布招聘信息？运用什么渠道发布招聘信息？③委托哪个部门进行招聘测试？④招聘预算是多少？⑤何时结束招聘？⑥新进员工何时到位？

（2）发布招聘信息

一旦决定招聘后，就应发布招聘信息。发布招聘信息就是向可能应聘的人群传递组织将要招聘的信息。这一环节是一项十分重要的工作，直接关系到招聘的质量。发布招聘信息时应遵循面广原则、及时原则和层次原则。

发布招聘信息的渠道有报纸、杂志、电视、广播、布告和新闻发布会等。此外，还有随意传播的发布形式，是指有关部门或有关人员用口头的、非正式的方式发布招聘信息。其主要优点是：费用最低，几乎不用什么费用，可以进行双向交流，速度较快；其缺点则在于：覆盖面窄，一般在劳动力市场明显供大于求、招聘层次不是很高时选用这种类型。

（3）招聘测试

招聘测试是指在招聘过程中，运用各种科学方法和经验方法对应聘者加以客观鉴定的各种方法的总称。人与人之间是存在差异的，这种差异可以通过各种方法加以鉴定，这为招聘测试奠定了基础。

招聘测试有很多种，比较常用的有四种：①心理测试，是指通过一系列的心理方法来测试应聘者的智力水平和个性方面差异的一种科学方法；②知识考试，是指主要通过书面测试的形式，了解应聘者的知识广度、知识深度和知识结构的一种方法；③情景模拟，是指根据应聘者可能担任的职务，编制一套与该职务实际情况相似的测试项目，将应聘者安排在模拟的、逼真的工作环境中，要求应聘者处理遇到的各种实际问题，用多种方法来测试其心理素质、潜在能力的一系列方法；④面试，是指一类要求应聘者用口头语言来回答面试者的提问，以便了解应聘者心理素质和潜在能力的测试方法。

（4）确定录用结果

确定录用结果是招聘中的最后一环，也是最重要的一环。如果前三个步骤都做得很好，但是最终录用的决策错了，组织仍然招不到理想的员工。

2. 人力资源引进的方法

人力资源引进在进行证明材料以及履历资料审查与筛选后，要进行招聘测试，最后要确定招聘结果。目前，常用的人力资源引进方法有以下几种类型：

（1）内部招聘

内部招聘是指由内部晋升而实现人力资源补充的招聘形式。这种形式的优点是：内部招聘可以使组织得到自己很熟悉的员工，不必再花费很多力气去认识和了解新员工；此外，这些应聘者对组织的状况及空缺职位的性质都比较了解，同时也省去了很多适应岗位的麻烦。因此，内部招聘成为一种既经济又快速的人力资源引进方式。

（2）外部招聘

外部招聘是指面向组织外部征集应聘者以获取人力资源的过程。外部招聘是相对内部招聘而言的，其原因在于：首先，对于某些初等职位以及一些特定的高层职位来说，组织内部没有合适的人选；其次，外部招聘可以为组织带来新的思维模式和新的理念，有利于组织创新，如果仅仅采用内部招聘，久而久之会出现思维僵化、近亲繁殖等弊端，组织很难适应创新的市场要求。

（3）职业中介机构招聘

职业中介机构招聘是指委托专门从事职业介绍和协调的专业机构进行人员招聘。目前，这种中介机构分为以下两种：

①带有官方性质的公共就业服务机构，也称为“人才交流中心”。人才交流中心是由政府承办的，主要以促成失业、下岗人员再就业为目的的服务性机构。

②私营的职业中介机构，也称“猎头”。现在，由于大学生就业也需要扩大渠道，因此，人才市场的来源越来越丰富。随着市场经济的发展，合理的人才流动越来越成为经济发展的重要特征和重要组成部分，“猎头”就在这样的背景下应运而生了。和人才交流中心不同的是，它是收取中介费的，它主要为在职的人员甚至是高层次的人才流动提供优质服务。

（4）网上招聘

网上招聘就是企业通过公司自己的网站、第三方招聘网等机构，发布招聘信息来完成招聘的过程。随着互联网的迅猛发展，网上招聘在近几年发展很快，在有些企业，它甚至已经取代了传统的招聘形式，一跃成为企业的主要招聘形式。企业可以在网上公布招聘信息，并在线浏览求职者的信息。目前，在国内从事网络招聘的专业网站有千余家，有自动搜索功能，提供优质服务，拥有良好的信誉。

二、人力资源培养

（一）人力资源培养概述

人力资源培养指的是员工培训与开发，是人力资源管理的重要组成部分，是提高组织运转绩效、使组织获取和增强竞争优势、维持组织有效运转的重要手段。在一般意义上，所谓人力资源培养是指组织根据发展和业务需要，通过学习、训练等手段进行的旨在改变员工的价值观、工作态度和工作行为，提高员工的工作能力、知识水平、业务技能并最终改善和提高组织绩效等的有计划、有组织的培养和训练活动或过程。培训与开发是“教会工人怎样去有效地完成其目前或未来工作的有计划的学习经历”“培训与开发的实践旨在通过提高雇员的知识和技能去改进组织的绩效”。

人力资源培养包括培训和开发两方面内容。实际上，培训与开发在内涵上略有区别，各有侧重。一般认为，培训是为了提高员工的理论素养、知识水平和业务操作技能，或改变员工的价值观、工作态度和工作行为，使他们在现在或未来的工作岗位上的工作表现达到组织的要求而进行的各种形式的教育与训练活动。培训主要集中于现在的工作，侧重于提高员工当前的工作绩效；而开发是指为员工未来发展或为员工准备将来的工作而对员工开展的教育、工作实践等以提高员工的综合素质和各种潜能的培养、测评等活动。

（二）人力资源培养的意义

从根本上说，人是生产力诸要素中最活跃、最重要的因素。一个组织大到国家，小到各企事业单位，其命运如何归根结底取决于人员素质的高低。加强人力资源培养具有十分重要的意义。近年来，世界著名跨国公司都非常重视人力资源培养的工作。20 世纪末和 21 世纪初，伴随世界经济的全球化、信息化、知识化和网络化时代的到来，以及与此相适应的市场竞争范围的日益扩大和程度的日益加深，人力资源培养更是受到企业的广泛重视，并被普遍视为获取竞争优势的工具。具体地说，人力资源培养的重要意义体现在以下四个方面：

1. 人力资源培养是提高员工素质和职业能力的重要手段

员工作为企业人力资源的载体是组织资源中弹性最大的因素，是企业生存与发展的根本。如果员工普遍具有较高的素质和极强的职业能力，那么就将成为组织的宝贵财富；反之，如果员工素质低下，跟不上时代发展的要求和职业需要，那么他就将成为无用资源，甚至成为组织的负担。通过员工的选拔、录用等方式固然可以为企业招聘到素质较高和职业能力较强的员工，但现代社会发展的一个重要趋势就是新技术、新知识、新工艺、新产品层出不穷，特别是知识、技术的更新速度在近年明显加快，加之市场需求变化多端，市场竞争日趋激烈，这些都对员工素质和职业能力提出了更高的要求。而人力资源培养则是企业解决这一问题的有效途径。

2. 人力资源培养是组织获取竞争优势以有效应对激烈市场竞争的重要途径

世界经济的知识化、全球化、网络化时代的到来，新技术革命的日新月异，市场竞争的日趋激烈和市场需求的日益复杂多变，对企业等各类组织提出了前所未有的挑战。任何一个企业如果不具备较强的综合素质或特有的核心专长，将很难获得竞争优势甚至难以立足于市场。由于人力资源在企业各类资源中所具有的独特地位，包括员工培训与开发在内的人力资源培养就显得比以往任何时候都更加重要。而人力资源培养则是提高员工素质与能力，发现人才、快出人才、多出人才的重要途径。它可以使企业拥有更多高素质员工，进而拥有更多的人力资本，从而有效应对市场竞争，获得竞争优势，并最终赢得胜利。

3. 人力资源培养是提高企业工作质量的重要措施

企业的工作质量包括生产过程质量、产品质量、客户服务质量等，通过人力资源培养，员工可以明确自己的工作职责、任务和目标，提高自己的知识和技能，并具备与实现组织目标相适应的自身素质与业务技能及人际交往、沟通协调、集体参与等其他能力，这样就可以有效地解决组织中“人”与“事”的矛盾，实现“人”与“事”的和谐发展；可以有效地提高员工的工作质量和工作效率；使员工适应在新的工作环境和业务流程下工作角色转变的需要，从而为整个组织工作质量的提高奠定坚实的人力基础。

4. 人力资源培养是实现员工个人发展和自身价值的必要措施

与传统的人事管理不同，现代人力资源管理把员工视为一种资源，以人为中心的管理、人本管理、尊重人关心人等口号的提出和管理理念的确立就是明显的例证。以人为中心的管理或人本管理思想，其核心就是企业在谋求整体利益、追求最佳绩效的同时，也把员工个人的成长、员工自身人力资本价值的增值和员工个人的职业发展放在与组织利益同等重要的地位。从员工角度来看，在现代组织中，员工为企业工作的目的已不再停留在满足低层次需要上，绝大多数员工工作的目的在于追求高层次的需要，即自尊的需要和自我实现的需要，实现自我价值。而人力资源培养能给员工不断提供学习和掌握新知识、新技能的机会，使其能适应和接受新的工作岗位所提出的挑战和任务，能够跟上时代发展的步伐，实现自我成长和自我价值。这不仅能使员工得到物质上的满足，而且能使员工得到精神上的成就感。这就是所谓人力资源培养的激励作用。

（三）人力资源培养的原则与方法

1. 人力资源培养的原则

人力资源培养的原则是企业在培训过程中应遵循的基本指导思想和应坚持的基本原则，这是提高培训绩效所必须把握的。

（1）理论和实际相统一的原则

培训必须强调理论与实际相统一，在培训中要全面规划、学用一致，多采用“事例法”“演示法”和“专题法”，并强调在理论指导下，注意实践及应用。

（2）技能培训与企业文化培训相统一的原则

要对全员实行技能培训与企业文化培训，既要对文化、专业技能方面进行培训，又要对理想、信念、价值观和道德观等方面进行培训，使企业员工不但技能符合企业发展的需要，而且思想与企业文化相吻合。

（3）技术培训与管理培训相统一的原则

不仅要对员工进行职业技术培训，也要对员工进行管理知识培训，即一专多能培训，使企业员工不仅懂技术，而且善管理，这样才能为企业整体利益做出最大的贡献。

（4）整体培训与重点培训相结合的原则

要对全体员工进行素质培训，在提高全体员工技能水平与管理水平的前提下，对为企业做出贡献即业绩显著、潜质突出、有发展前途的后备接班人进行重点培训，使这批人前途更加光明，为他们开创更好的职业道路。此外，还要对培训进行严格考核。

2. 人力资源培养的方法

人力资源培养的方法有很多种，不同的培训类型往往需要采用不同的培训方法，主要有角色扮演法、案例培训法和讲授法。

（1）角色扮演法

角色扮演法是指设定一个最接近真实情况的培训环境，指定受训者扮演环境中的某一角色，借助所扮演角色的演练来增强其对所扮演角色的感受，并培养和训练其解决问题的能力，如人际交往技能、解决冲突技能及推销技巧等。

实际上，角色扮演法就是提供给受训者一种具体的情景，然后给每个受训者一定的任务和角色让其扮演，在扮演过程中培训者随时加以指导，并在扮演结束后组织大家加以讨论，以各自对某一扮演角色的看法发表自己的意见，通过这样一个过程来深化受训者对于角色的体会，进而达到培训的目的。对受训者来说，做好角色扮演的训练需要非常投入，并且所扮演的应该是充满活力的、能使自信心迅速增长的角色。角色扮演可以直接改变受训者对某一个位置或工作一贯的看法，也可以让受训者了解自身的某种希望可能带来的影响和后果。

角色扮演法的主要优点有：它使受训者能够在一个比较安全的学习环境中练习某项工作技巧，教会人们如何在生活中交流自己的看法、经验和心得，并增进人们之间的情感和合作精神。

（2）案例培训法

案例培训法是指围绕一定的培训目的，把实际中买卖的情景加以典型化处理，用书面的方式形成供受训者思考分析和判断决策的案例，通过受训者的独立研究和相互讨论的方式，来提高受训者分析问题和解决问题能力的一种方法。

案例培训法要遵循三个原则：第一，其内容是真实的，不允许虚构。为了保密，有关人名、单位名、地名可以改用假名，但基本情节不得虚构，有关数据可以乘以某掩饰系数加以放大或缩小，但相互间比例不能改变；第二，教学案例中应包含一定的管理问题，否则便没有学习研究的价值；第三，教学案例必须有明确的教学目的，它的编写与使用都是为某些既定的教学目的服务的。

案例培训法的主要功能不是在于了解一项独特的经验，而是在自己探索以及学员之间切磋怎样解决管理问题的过程中，总结出一套适合自己特点的思考与分析问题的逻辑和方法，学会独立地解决问题、做出决策。

案例培训法提供的情景是具体的、全方位的，人们的行为可以从多方面进行解释，很难存在一个最优答案，案例的培训者也不要对某种现实表现出自己的赞成或反对，以避免影响受训者的独立思考，降低培训效果。

（3）讲授法

讲授法是培训中应用最为普遍的一种方法。它是教师通过语言表达，系统地向受训者传授知识，期望受训者能记住其中的特定知识和重要观点。目前，讲授法中也有结合实物与教具、示范来进行的，同时组织课堂讨论，利用视听技术等各种方式来提高授课效果。

为了提高讲授法的效果，必须做到以下几点：内容要有科学性，这是保证讲授效果的前提；讲授要有系统性，条理清晰，重点突出；语言表达清楚、准确而生动；必要时要运用板书，这既有利于受训者加深对一些重点问题和难点问题的理解和印象，又有利于控制速度和节奏；受训者要与教师密切配合，形成互动，这样有利于调动双方积极性。

第三节　人力资源使用与考核

一、人力资源使用

（一）人力资源使用的含义

1. 人力资源使用的概念

人力资源使用就是内在状态的人力资源外化为社会财富，可能的生产力转化为现实的生产力，精神变为物质的过程。人力资源使用在具体的管理过程中就是如何科学并合理地解决人员和岗位的匹配问题。一方面进行职位和工作分析，另一方面进行人员的测评，两方面结合使人尽其才。

人力资源使用的主要任务是将员工安排到合适的岗位上，使其最大限度地发挥作用。它的主要职能包括新员工的安置、干部的选拔和任用、职务升降和员工内部调动等。

2. 人力资源使用的意义

人力资源使用对企业来说是非常重要的，其意义主要表现在以下三方面：

（1）人力资源使用是人力资源管理的核心环节

如果不能选择适当的人员担当适当的工作，不论其他管理方法如何，都不会有好的效果。人员使用不当，不论是大材小用，还是小材大用，都是人力资源的浪费。因此，人力资源有效使用是影响整个管理全局的非常重要的一环。

（2）人力资源使用关系到企业人力资源开发的程度

人力资源在使用过程中会得到不断的充实、丰富、改善和提高。如果不使用，人力资源中的智力资源就会陈旧老化，从而失去其价值。

（3）人力资源使用是组织生存和发展的根本保证

任何组织，大到国家，小到企业，要把工作做好，首先得用好人。公正合理地使用员工，不仅可以调动其积极性、主动性和创造性，而且还会产生效益，促进组织内部良好风气的形成，增强组织的凝聚力。如果用人不当，就会影响员工积极性的发挥，甚至造成人心涣散，影响组织的生存和发展。

（二）人力资源使用的方式

1. 委任制

委任制是指由主管部门直接确定任用人选，委派其担任一定职务的任用方式。

委任制的优点表现为：有较严格的考察审批程序，选拔和使用人员的手续完备；自上而下逐级考察任免，容易形成协调一致、指挥畅通的领导机制；有利于实行统一管理和调动，在大的范围内进行交流，有利于在各部门之间进行人才的余缺调剂。然而，委任制的缺点也是客观存在的，主要表现为：主观随意性比较大，人治成分比较多，缺乏统一的客观标准和法定民主化程序；缺少监督机制，人员的选拔过程处于封闭状态；缺乏公开和竞争，容易压抑和埋没人才。

委任制是我国现行的选拔任用各类人员沿用时间最长、运用范围最广的一种形式和制度。对于委任制，既不可全盘否定，弃之不用，又不可完全肯定，墨守成规。应结合本企业的实际情况加以选用。

2. 选举制

选举制是指一定机构的全体人员或其代表通过选举使某人担任某个领导职务的任用方式。如企业的董事、工会主席通常都是选举产生的。

选举制的优点主要表现为：选举定期举行，从而废除了领导干部“终身制”，有利于克服官僚主义；有利于人才的选拔与使用，使年轻的优秀人才不断涌现出来；增强职工的参与意识、监督意识以及被选任者对职工群众的责任感。同样，选举制也不是尽善尽美的，它也有缺点，主要表现在：任用范围只能局限在原有组织内，组织以外的人员没有被选举权；企业越大，选举人对被选举人的了解越少，因而大企业的领导人不宜通过选举产生；有才干的人可能因为一些小缺点而落选，而“老好人”反而选票多。

3. 聘任制

聘任制是指本着用人单位及员工双方自愿的原则，通过合同这种契约形式，由用人单位根据工作需要聘任员工担任某一职位的任用方式。

聘任制的优点表现为：打破用人终身制，为能官能民、能上能下创造了社会环境；有利于人才成长，较好地体现了人尽其才，岗择其人的原则；有利于人员流动，实行人才的动态管理。聘任制也有制度尚不完善、比较复杂等缺点。

常见的聘任形式有两种：一种是根据工作需要，对新进人员实行招聘，规定聘任期；另一种是对现有人员不再实行终身制，实行公开考核，择优聘任。这种制度目前多用于企事业单位的行政管理人员和各类专业技术人员的聘用。

4. 考任制

考任制是指通过公开考试，并以考试成绩为主要依据录用各种人员的任用方式。考任制通常在层次较高的职位中采用，如管理人员、专业技术人员等。考任制的优点表现为：具有竞争性，考试为人才提供了充分表现才能的机会，使企业在人才竞争中能选拔出最优秀的人才；具有群众性，考试是公开的，所有的人都可以应试，可在群众中选拔优秀人才；具有科学性，它体现了量才录用的原则，使人才衡量有了比较合理、科学的客观标准。但是考任制也存在制度不完善、程序和内容不规范、有关法规不健全等缺点。

（三）人力资源使用的原则

企业在使用人力资源时只有遵循一定的原则，才能最大限度地挖掘企业人力资源的潜力。需要遵循的原则包括能职相称原则、充分信任原则、双向选择原则、配置优化原则、动态管理原则、最适原则和任人唯贤原则。下面将对这七大原则做详细介绍。

1. 能职相称原则

能职相称即现代管理科学中的能级原理，就是按每个人员才能的不同层次分配与之相应层次范围的工作，工作有层次之分，人员也有层次之别。由于不同管理层次和管理岗位对人员的要求不同，根据该原理，就要根据每个人的才能、品德、知识、资格、身体等条件安排相应的工作岗位，明确责任，使其才能与其职位、责任、权利相适应，也就是能级相称。要人尽其才、才尽其用。如果大材小用，因其才能没有充分发挥，是一种浪费。如果小材大用，就不能胜任工作。因此，领导者应人尽其才、知人善用、量才用人，使能职相称。

2. 充分信任原则

充分信任原则就是用人不疑。即要对任用的人充分信任，不干涉他职权范围内的工作，放手让他行使自己的权力。信任可以使受任者感到受尊重、受鼓励。用人时，首先要给人以宽松环境，形成相互信赖的氛围。这样可以增强受任者的自信心，使其充分发挥积极性和创造性。信赖使人感动、信任使人激动，这些都是充分发挥潜力的催化剂。

3. 双向选择原则

双向选择是指用人单位有选择职工的权利，同时被选者也有挑选单位的权利。

人有对自身资源的支配权和使用权，所以，也有对职业和工作的选择权。“兴趣是成功的一半”。一些人面对他所喜欢的工作会高度兴奋，从而产生强烈的工作欲望，发挥更大的潜力。但是，长期以来，由于体制、观念等原因，我们并没有对人的兴趣和工作意向给予足够的重视，而是用行政手段把人安排在某一岗位上，以此固定个人与组织之间的劳动关系，不允许员工根据自身条件和意愿选择职业。人被安排在一个岗位上，就往往干一辈子，使人在知识、能力等各方面无法得到锻炼和提高，进而产生僵化、不思进取的惰性思想，最终导致人力资源使用效益下降。

在市场经济体制下，企业是一个自主经营的主体，因此，须自主选择所需要的人员。如果用行政手段安排人员，将直接影响工作者的积极性，不利于人力资源的合理流动和配置，不利于人力资源使用效率的提高。所以，人力资源使用要遵循双向选择原则，落实个人的择业自主权和企业用人的自主权。要允许员工特别是专业技术人员自由选择职业，允许单位根据发展需要自主选择和招聘人员。

4. 配置优化的原则

人力资源使用要配置优化。由于人员使用的目的在于获得更高的工作效率，因此，要求人员数量和质量优化、人员比例优化、年龄优化、智力优化和环境优化。

长期以来，我们没有使用现代化的管理方法，造成机构臃肿、人浮于事，不仅工作效率低，而且复杂的人际关系还带来了“内耗”。这种用人状况不能适应市场经济发展的需要。现代化管理观念要求择优任用精明、强干的人，同时用最少的人办最多的事。要充分考虑人员数量、质量、比例和年龄的组合，采用最佳组合配置人员，提高工作效率。

5. 实行动态管理的原则

人力资源的使用不是静态的，而是动态的。人和机器不同，人是发展的、变化的。人员使用和管理应在动态中进行，其原因有三点：①由于边缘学科和综合性学科的不断出现和发展，与其相应的新职业不断产生，旧的职业不断退出市场，这就要求人们在学科和职业中不断流动；②由于种种原因，用非所学、学非所用等不对口现象普遍存在。即使是现在对口了，由于科学技术的发展和生产的变化，也要求人员自身的素质不断提高，所以，不对口的现象时有发生。因此，流动是必要的，实行动态管理也是必需的；③人才分布不合理，人员比例失调、压制人才、闲置人才等不合理现象的存在，这些都需要通过人员的流动来克服。

6. 最适原则

最适原则是指用人贵在及时，不要错过人员才能的最佳时期。要充分使用人员的最佳时期，从而产生最大效益。

人在一生中，出成果的时期因职业而异。运动员在 25 岁以前是出成绩的黄金时间，专业技术研究人员出成果的时间是在 35~45 岁，领导干部多在 40 岁以后才会走入高层领导岗位。因此，充分使用各个职业的最佳时期是我们首先要考虑的。这也是人力资源使用的主要经验。这样做的优点主要有两点：一是可以避免人员才能的浪费，若不及时发现和使用人的最佳年龄，就不能充分发挥人员的才能；二是针对最佳时期可以有效地使用激励作用，最大限度地发挥人的积极性和创造性。

总而言之，要尽量遵循最适原则，充分利用黄金时间，采用各种有效方法，提高人力资源使用的效率。

7. 任人唯贤原则

所谓贤是指德才兼备。任人唯贤是指不唯权势、地位、阶层，只要具备德和才，就应放宽一切条件，不用条条框框去限制其选拔与任用。

“德”包括政治品德、思想品德、职业道德、伦理道德和社会公德。从人力资源使用的角度看，“德”对高层领导的要求高，要求以上各方面均具备。而一般工作岗位上的人员，只要职业道德良好并且工作勤勤恳恳就可以了。

“才”包括知识与能力。不同种类的工作对知识结构的要求不同，如领导干部应具有较高的决策才能，公关人员应具有较强的交际能力。统管全局的人应是有较高综合素质的“通才”，某一专业部门的人员则应是“专才”。

二、人力资源考核

（一）人力资源考核的概念

人力资源使用的效果是通过绩效表现出来的。绩效即表现，是个体或群体的工作表现、直接成绩和最终效益的统一体。按照现行人力资源开发与管理工作的理解，绩效往往指员工在经济效益方面的具体贡献，如销售人员的销售业绩。“考核”的含义是评价、评估，是一定的管理人员对被考核对象的评价、打分。

人力资源考核是指对员工在工作过程中表现出来的工作业绩（工作的数量、质量和社会效益等）、工作能力、工作态度以及个人品德等进行评价，并用来判断员工与岗位的要求是否相称。人力资源考核是人力资源开发与管理中非常重要的一环，是管理工作中大量应用的手段，也是人力资源开发与管理操作系统的一个重要组成部分。人力资源考核的目的是确认员工的工作成果，改进员工的工作方式，提高工作效率和经营效益。

（二）人力资源考核的作用

人力资源考核作为人力资源管理的重要一环，在人力资源管理中发挥着重要作用。

1. 为员工培训工作提供依据

有效的员工培训必须针对员工目前的表现、业绩和素质特征与其所在岗位的岗位规范、组织发展要求等方面的差距来进行，并以此合理地确定培训目标、培训内容，选择相应的培训方法。通过绩效考评，可以了解员工的长处与不足、优势与劣势，从而根据实际需要，制订培训计划。

2. 为薪酬管理提供依据

企业向员工支付报酬要遵循“按劳分配”的原则。薪酬制度是否公平合理直接影响员工的工作积极性。定期的、规范的人力资源考核可以为员工报酬的确定提供客观有效的依据，使工资、奖金等物质报酬的高低与员工的贡献大小相联系，从而使员工感到公平合理，以激励其为企业的发展多做贡献。

3. 为企业内部的员工流动提供依据

员工在企业内部的流动通常也要以员工的业绩和能力作为依据。在企业中，具备晋升要求的人数往往多于可能得到晋升的人数，因此，较为公平合理的做法是依据客观的人力资源考核结果择优晋升。同样，企业在做出员工工作调动（包括平级调动或降级调动）或辞退决策时，往往也要以人力资源考核的结果为依据。只有以人力资源考核的结果为依据，才能服众。

4. 为员工的奖惩提供依据

以奖励为主，惩罚为辅，奖惩结合，这历来是企业管理中的激励原则。对于那些忠于职守、踏实工作、业绩优异的员工要给以物质或精神上的奖励，而对于那些不负责任、偷工减料、业绩低下的员工则要给予相应的惩戒。只有如此，才能鼓励员工向优秀者学习，防止不良行为在企业中蔓延。而这种对员工的奖惩同样也要以人力资源考核结果为依据，只有奖惩与员工的工作状况挂钩，才能产生激励作用。

5. 为员工的自我发展明确方向

对于员工在工作中取得的成绩以及在某一方面的卓越能力，通过人力资源考核可以得到企业的认可与肯定；而对于员工在工作中存在的不足以及工作能力方面的缺憾，通过人力资源考核也可以使员工有清楚的认识，从而明确其未来的努力方向，鞭策员工不断地进行自我完善。

6. 促进上下级之间的沟通与交流

在人力资源考核过程中，上级主管要通过面谈等方式将考核结果反馈给员工。通过这种途径，主管人员可以了解员工的反映和潜力，员工也可以通过与主管人员的交谈明确自身的不足以及企业对自己的期望，并与主管人员一起商定下一步的努力方向及奋斗目标，从而增进上下级之间的沟通与交流，使管理人员与员工之间的工作关系得到改进。

（三）人力资源考核的常用方法

人力资源考核的方法有很多种，企业可以根据自身的实际情况选择使用。比较常用的人力资源考核方法有以下八种。

1. 民意测验法

民意测验法是最传统的人力资源考核方法之一。这种方法在使用时通常遵循一定的步骤：确定考核内容；将考核内容分成若干项；根据各项考核内容设计考评表，对每一考核项目设定相应的等级；由被考核者述职，做出自我评价；由考核人员填写考核表；计算每个被考核者得分的平均值，以此确定被考核者所处等级。

2. 短文法

短文法是指通过一则简短的书面鉴定来进行考核的方法。书面鉴定通常谈及被考核者的成绩和长处、不足和缺点、潜在能力、改进意见和培养方法等方面。这种方法也是较为传统的考核方法之一，并在很长一段时间里为我国企业所使用。

短文法属于主观判断型的定性考核方法。它只是从总体上进行考核，不考虑考核维度，也不设计具体的考核标准和量化指标。因此，这种方法操作起来灵活简便，考核者可以针对被考核者的特点进行考核，具有较强的针对性。但是，由于缺乏具体的考核标准，难以进行相互对比，并且考核人员的主观性所带来的偏差也比较大，因此，这种方法通常应与其他方法配合使用。

3. 评级量表法

评级量表法是被采用得最普遍的一种考评方法。这种方法主要是借助事先设计的等级量表来对员工进行考核。使用评级量表进行绩效考核的具体做法是：根据考核的目的和需要设计等级量表，表中列出有关的绩效考核项目，并说明每一项目的具体含义，然后将每一考评项目分成若干等级并给出每一等级相应的分数，由考核者对员工每一考核项目的表现做出评价和记分，最后计算出总分，得出考核结果。

4. 排序考核法

排序考核法是依据某一考核维度，如工作质量、工作态度或依据员工的总体绩效，将被考核者从最好到最差依次进行排列。在实际操作中，可以进行简单排序也可以进行交替排序。简单排序是依据某一标准由最好到最差依次对被考核者进行排序；交替排序则是先将最好的和最差的列出，再挑出次好的和次差的，以此类推，直至排完。

排序考核法最大的优点是简单易行，省时省力。但其不足也来源于此：首先，由于没有具体的考核指标，只是被考核者之间进行对比排序，因此，在两个人业绩相近时，很难确定其先后顺序；其次，由于主要依靠考核者的主观判断进行排序，而不同考核者之间又有不同的倾向性，因此，会造成排序中的偏向；再次，由于缺乏具体标准，使用这种方法无法将同一企业中不同部门的员工进行比较；最后，被考核者仅知道自己的排序情况，而不能明确自身优点和不足。

5. 配对比较法

配对比较法也称为两两比较法或对偶比较法，是较为细化和有效的一种排序方法。其具体做法是：将每一位被考核者按照所有评价要素，如工作质量、工作数量、工作态度等，与所有其他员工一一进行比较，优者记为“+”或“-”，逊者记为“-”或“0”，然后计算被考核者所得正负号的数量或具体得分，排出次序。

6. 强制分布法

强制分布法也称为强制正态分布法。这种方法是建立在一个假设的基础上的，即假设企业所有部门都同样有优秀、一般、较差的员工。因此，在运用强制分布法进行人力资源考核时，要求考核人员依据正态分布规律，即俗称“中间大、两头小”的分布规律，预先确定评价等级以及各等级在总数中所占的百分比，然后按照被考核者绩效的优劣程度将其列入其中某一等级。当然，具体的比例也可以有所不同，但无论采用何种比例，其分布都要符合正态分布的规律。

强制分布法适用于被考核人数较多的情况，操作起来比较简单。由于遵从正态分布规律，可以在一定程度上减少由于考核人员的主观性所产生的偏差。此外，该方法也有利于管理控制，尤其是在引入员工淘汰机制的企业中，它能明确地筛选出被淘汰的对象，由于员工担心因多次落入绩效最低区而遭淘汰，因而具有强烈激励和鞭策功能。但是，由于该方法的核心是事先按正态分布规律确定各评价等级的比例，而在现实工作中，并非每一个部门的员工业绩情况都符合正态分布规律。有可能存在这样的情况，即某一个部门的所有员工工作绩效都很好，这时，使用强制正态分布方法进行人力资源考核所得到的结果就难以令人信服。

7. 关键事件法

关键事件法是以记录直接影响工作绩效优劣的关键性行为为基础的考核方法。所谓关键事件，是指员工在工作过程中做出的对其所在部门或企业有重大影响的行为。这种影响包括积极影响和消极影响。使用关键事件法对员工进行考核要求管理者将员工日常工作中非同寻常的好行为和坏行为记录下来，然后在一定的时期内，主管人员与下属见一次面，根据所做的记录来讨论员工的工作绩效。

关键事件法通常可以作为其他评价方法的补充。首先，对关键事件的记录为考核者向被考核者解释绩效考核结果提供了一些确切的实施依据；其次，它可以确保在对员工进行考核时，所依据的是员工在整个考察周期内的工作表现，而不是员工在近期内的表现，也就是说可以减少近因效应所带来的考核偏差；最后，通过对关键事件的记录可以使管理人员获得一份关于员工通过何种途径消除不良绩效的实际记录。

但是，关键事件法在实施过程中也存在不足之处。最突出的是管理人员可能漏记关键事件。在很多情况下，管理人员都是在工作前期忠实地记录每一个关键事件，到后来失去兴趣或因为工作繁忙等原因而来不及记录，等到考核期限快结束时再去补充记录。这样有可能会夸大近期效应的偏差，员工也可能会误认为管理人员编造事实来支持其观点。

8. 360°绩效反馈体系

360°绩效反馈是一种较为全面的绩效考核方法，它是指帮助一个企业的员工（主要是管理人员）从与自己发生工作关系的所有主体那里获得关于本人绩效信息反馈的过程。这些信息的来源包括上级监督者自上而下的反馈、下属自下而上的反馈、平级同事的反馈、被考核者本人的自我评价和企业外部的客户和供应商的反馈。

员工自评是指员工在正式的上级评价之前对自己的工作进行回顾，对自己的业绩、能力等方面做出初步的评价。上级的评价是指由员工的上级尤其是其直接主管人员对员工的工作绩效进行评价，它是大多数绩效考核制度的核心。通常，员工的主管人员能够处于最佳的位置来观察员工的工作业绩，因而能够对员工的各方面情况有较为充分的了解，从而可以较好地掌握考核的事实依据。然而，上级只能观察到员工工作表现的一部分，在很多情况下，员工的同事更能够全面地了解员工的日常工作情况。尤其是在主要依靠团队的企业中，团队成员之间的合作程度是工作成功的关键。因此，在做出评价的同事与被评价的员工之间很相似而且很熟悉的情况下，同事的评价可能具有较高的参考价值。在对管理人员的绩效考核过程中，下级的评价过程往往可以使企业的高层管理者对企业的管理风格进行诊断，认识企业中潜在的问题。客户的评价通常用来收集客户的抱怨和意见。尤其对于服务行业，客户的意见对于员工绩效的改进和企业信誉的保持具有重要意义。供应商是企业的合作伙伴，对与供应商有直接接触的员工进行考核时，其意见有一定参考价值。

360°绩效反馈的优点主要体现为：全方位、多角度的信息反馈，从而使考核结果更加全面、详细；360°绩效反馈的实施可以促进来自不同渠道的信息在企业内部的交流，增进上下级之间、平级之间的信息沟通，有利于建立员工间更加和谐的工作环境。然而，360°绩效反馈的缺点则体现为信息收集成本较高，同时，对参与人员素质有较高的要求。

第四节 薪酬管理

薪酬是指用人单位以现金或现金等价物的任何方式付出的报酬，包括员工从事劳动所得到的工资、奖金、提成、津贴以及其他形式的各项利益回报的总和。薪酬有广义和狭义之分：狭义的薪酬是与劳动直接联系的部分；广义的薪酬是与上述雇佣关系有关的组织各项付出或员工得到的酬劳，包括用人单位的福利和其他各种待遇，以及其他使员工获得利益和承认、满足个人需求的内容，如在工作中参与决策。

一、薪酬管理的主要学说

（一）分享理论

利益分享是指员工的工资不是按工作时间确定固定的工资，而是与雇主共同分享企业经营的利益，亦即员工工资占企业经营收入的一定比例。员工的报酬要采用“工资制”和“利益分享制”两种模式，就是要使员工的利益与企业的经营效益挂钩。

利益分享论认为，在传统的工资制度中，工人的工资与厂商的经济活动、经济效益无关，是一种固定成本。在产品市场不景气时，厂商只能减少生产和缩减用工数量而不能降低成本、降低产品价格以适应市场，因而导致市场收缩和失业。当社会为消灭这些失业而采取扩张性财政政策和货币政策时，又导致通货膨胀。因此，工资问题成为造成整个宏观经济问题的根本性病因。要摆脱经济滞胀局面，须对其根源——工资制度采取措施，要将这种“员工劳动报酬”式的工资制度改变为“工人与雇主共同关心劳动成本节约”的制度，使单位产品的劳动成本随就业的增加而下降。当一个国家的全部或大多数企业都实行利益分享制时，经济就会平衡扩张、顺利发展。

利益分享论为现代人力资源管理提供了重要的思想方法，它在一定程度上承认了员工的主人地位，也提出了卓有成效的薪酬管理方法。经济学者的朴素语言将此描述为“馅儿饼做得大一点儿”，大家就能分得多一点儿。要想“大家分得多，基础是把馅儿饼做大，而“馅儿饼”做大的动力正在于员工自觉地努力工作。

（二）公平理论

美国学者斯达西·亚当斯（J. Stacey Adams）提出了公平理论。该理论指出，当一个人察觉到自己在工作上的努力（投入）对由此得到的报酬（所获结果）之比，与其他人的投入对结果之比相等时，就认为是公平的。这说明人们在判断分配是否公平时，并不是比较所获结果的绝对量的多少，而是比较付出与所得的比值。

在确定一个单位的工资水平和工资政策时，公平性是重要的出发点。实际上，组织必须顾及两个方面的公平性，即内部公平性和外部公平性。内部公平性是指企业内部的职工感受公平，认为基本上做到了劳酬相符。进一步来说，内部公平是把报酬基点建立在科学的职位分析和个人劳动得到了恰当的承认以及补偿的“个人公平”上。外部公平性则是指企业的工资水平必须以市场工资率为基准，进一步来说是要在与同行业的竞争中有利于吸引和留住人才。

（三）激励理论

激励理论是非常重要的管理理论，也是非常重要的人力资源开发与管理理论。美国心理学家弗罗姆的期望理论在激励理论中占有重要地位，它着重研究目标与激励之间的规律。按照期望理论，人是通过选择一定的目标，然后做出努力以实现这一目标，从而直接或间接地满足自身需要。人在行动之前的目标选择是由对行为结果的某种预期得到，这种预期本身就是一种力量，它能够激发人的动机，调动人的积极性。激励力量的大小取决于两个因素：一是效价，即所追求目标的价值；二是期望值，即所追求目标得以实现的可能性的大小。

目标价值和期望值的不同组合决定着不同的激励程度，要使被激励对象的激励力量最大时，效价和期望值都必须高；只要效价与期望值中有一项的值很低，对被激励对象来说就缺乏激励力量。

此外，影响激励水平的因素还有关联性、奖酬、能力和选择等因素。关联性是指工作绩效与所得报酬之间的关联程度。

运用期望理论调动员工积极性，须处理好努力与成绩的关系、成绩与报酬的关系、报酬与满足个人需要的关系，这是组织制定薪酬政策时须遵循的。

二、薪酬管理的目标

薪酬管理在人力资源开发与管理中居于非常重要的地位，它既是日常管理工作的主要内容，也是战略性工作。一般情况下，企业薪酬管理的目标有以下几点。

（一）维系组织的发展

薪酬制度的设计与实行要保证企业生产经营活动的完成，要协调好企业内部的人际关系，提高员工的凝聚力，进而达到维系和促进组织发展的作用。这就要求企业的工资水平在社会比较中定位合理以至较高，工资的内部分配结构发放合理，以达到薪酬的两个公平。

（二）强化激励作用

在组织的薪酬分配中，要注意薪酬制度设计对员工有较大的激励作用，以发挥员工的积极性、创造性和增强员工的责任感，促进经济效益的提高。这就要求管理者应加强工资核算，提高人力资源各环节的工作水平，精心研究和制订工资薪酬分配方案。

对经营性单位而言，一般采用绩效工资模式，贯彻“业绩优先”的原则。为此，要在工资结构中加大效益工资的比重，加大其调节力度。

（三）开发和吸引人才

薪酬制度要有利于调动管理人员、技术人员的积极性，有利于开发和吸引人才。在许多现代组织中，人力资源被看作是最重要的财富；在人力资源中，人才是最珍贵、创造效益极大（因为人力投资回报极大）和非常稀缺的资源。这就要求用人单位更加仔细地研究管理人员、技术人员的工资方案，做到反馈及时，调整到位。

三、薪酬设计的基本流程

制定科学、合理的薪酬制度是企业人力资源管理的难点，因此，很多企业都不惜重金聘请薪酬设计专家或咨询机构来帮助企业规范薪酬设计基本流程。规范的薪酬设计基本流程应遵循的步骤和操作程序有以下六方面。

（一）制定薪酬原则和策略

企业薪酬策略是企业人力资源管理策略的重要组成部分，而企业人力资源策略是企业人力资源战略的落实。因此，制定企业的薪酬原则和策略要在企业各项战略的指导下进行，集中反映各项战略的需求。薪酬策略作为薪酬设计的纲领性文件要对以下内容做明确规定：对员工本性的认识；对员工总体价值的认识；对管理骨干即高级管理人才、专业技术人才和营销人才的价值估计等；企业基本工资制度和分配原则；企业工资分配政策与策略，如工资拉开差距的分寸标准，工资、奖金、福利的分配依据即比例标准等。

（二）岗位设置与职位分析

首先要结合公司经营目标做好岗位设置，然后，公司管理层要在业务分析和人员分析的基础上，明确部门职能和职位关系，人力资源部和各部门主管合作编写职位说明书。进行薪酬设计的第一步是确定每个工作职位的具体职责。

职位分析是薪酬体系中的重要环节，反映了公司管理者和员工对某一职位的期望。只有使用职位分析，管理者才能在市场上与其他公司进行比较。一方面，明确该职位在市场的职能定位；另一方面，确定市场对该职位的定价。

（三）职位评价

职位评价（职位评估）重在解决薪酬的对内公平性问题。它有两个目的：一是比较企业内部各个职位的相对重要性，得出职位等级序列；二是为进行薪酬调查建立统一的职位评估标准，消除不同公司间由于职位名称不同或职位名称相同但实际工作要求和工作内容不同所导致的职位难度差异，使不同职位之间具有可比性，为确保工资的公平性奠定基础。它是职位分析的自然结果，同时又以职位说明书为依据。

（四）薪酬调查与薪酬定位

薪酬调查重在解决薪酬的对外竞争力问题。薪酬调查可以通过咨询公司，也可以自己组织力量开展薪酬调查。通过调查，了解和掌握本地区、本行业的薪酬水平状况，特别是对竞争对手的薪酬展开调查，同时要参照同行业同地区其他企业的薪酬水平，及时制定和调整本企业对应工作的薪酬水平即企业的薪酬结构。

（五）薪酬结构设计

通过工作分析和薪酬调查，我们确定了企业每一项工作的理论价值。但是工作的理论工资率要转换成实际工资率还必须进行工资结构设计。工资结构是指一个企业的组织结构中各项工作的相对价值及其对应的实付工资之间保持何种关系。这种关系不是随意的，而是以某种原则为依据，具有一定规律的，这种关系的外在表现是“工资结构线”。“工资结构线”为我们分析和控制企业的工资结构提供了更清晰、更直观的工具。

（六）薪酬体系的实施和修正

在制定和实施薪酬体系过程中，及时地沟通、宣传或培训是保证薪酬改革成功的因素之一。从本质意义上讲，劳动报酬是对人力资源成本与员工需求之间进行权衡的结果。世界上不存在绝对公平的薪酬方式，只存在员工满意的薪酬制度。人力资源部可以利用薪酬制度问答、员工座谈会、满意度调查、内部刊物甚至 BBS 论坛等形式，详细介绍公司的薪酬制定依据。

薪酬设计的时效性很强，方案一旦形成就要立即实施，否则，方案中涉及的数据发生变化，市场价格进行了调整，那么方案的数据也要进行相应调整。因此，在保证薪酬方案相对稳定的前提下，要随着企业经营情况和市场薪酬水平的变化做相应的调整。

在确定薪酬调整比例时，要对总体薪酬水平做出准确的预算。目前，大多数企业是财务部门在做此预算。为准确起见，最好同时由人力资源部做此预算。因为按照企业的惯例，财务部门并不清楚具体工资数据和人员变动情况。人力资源部需要建立工资台账，并设计一套比较好的测算方法。

第五节 大数据与人力资源管理

互联网最主要的特征是大量信息的实时、准确分享，信息的储存、整理和分析变得更加容易，这也就便于人们利用大数据的统计技术，对恰当的研究问题进行有效的数据分析并得出对应的结论。其中，很多信息的记录、获取与分析，都与人力资源管理密切相关，大数据为人力资源管理提供了新的手段，也提出了新的挑战。优秀的人力资源管理工作应该能够顺应这样的大趋势，有效地利用大数据的技术来提高企业的人员效率，服务于企业的经济和社会效益。

一、大数据与人力资源管理的基础性工作

互联网的信息分享功能令很多工作不再局限于同一个企业、同一个地点、在领导的统一带领下开展。利用互联网，很多新的工作形式也给企业的组织边界、组织结构设计、工作分析和人力资源配备、员工招聘等方面都带来了新的变化。

（一）开放的组织边界、更高的人员效率

在组织边界上，互联网更加便于企业采用开放的边界、通过外包等方式完成工作。过去很多工作都需要在组织内部进行安排，只有少量的，如后勤服务等可以采用外包的方式。在互联网时代，诸多开放平台提供了更多、更方便、更灵活的服务手段，企业不必在很多专项工作上招聘、保留员工，而可以充分运用外部的人力资源来完成这方面工作。例如，过去很多企业要设计企业的标识系统，往往需要宣传、外联等部门很多员工来参与，这些员工虽然非常了解自己的企业，但是对这些具体的工作往往并没有专业水准。互联网的兴起可以方便地帮助企业进行外包，而不必专门招聘这方面的员工，从而提供了更多的人力资源管理的灵活性。

如今，越来越多的工作都在以外包的形式开展，而互联网为外包的繁荣提供了更加便利、高效的条件。实际上，互联网基础上的外包已经发展到了非常红火的地步，这些业务本身就足够建立平台并赢利。

不仅一些相对独立的工作可以外包给组织外的成员，甚至组织更加本质性的工作也可以在互联网基础上来邀请组织外的人员参与。有的企业甚至利用互联网技术，与用户进行零距离的接触，引导用户更密切地参加到产品的设计过程。

（二）更加扁平的组织结构促进员工创新

在组织结构上，互联网有利于企业采取更加扁平化的结构，从而提高管理效率。在企业发展的旅程中，“大企业病”越来越常见，如层级越设越多，职能越分越细，跨部门、跨层级的沟通和各职能部门的协作变得越来越困难，造成文山会海，效率低下。因此，如何强化企业的信息传递和团队协作就成了企业竞争胜败的关键。

在传统的层级结构中，很多来自基层员工的创新性观点被压抑，因为员工提出新的想法往往隐含着对领导现有做法的否定。于是，有创新思路并想尝试实现的员工被迫离开，留下的往往是对创新没有兴趣、满足于现状的员工。其结果是组织的创新和改变非常艰难。在层级制度下，只能通过组织最高领导的大力推动，来促进管理团队认知的改变，以及突破各级管理者的阻力，来促进整个组织实现经营管理的创新。

在大数据时代，这样的问题往往更容易解决。借助互联网，组织可以搭建一个平等的沟通平台，在组织内部以开放、合作、分享的思路来让各种新想法都展现出来，经过员工的讨论来形成一些新的工作方法。这有助于打破过去层级组织结构里逐层管控、权威至上的做法，给有新想法的员工一个发言展示的平台。

（三）应用大数据手段设计人员素质模型

在大数据时代，网络上的行动在貌似无形的同时却保存了大量的信息，信息爆炸因此是互联网一个典型的特征。正因如此，才会有近年热炒的所谓“大数据”的概念。实际上，所谓的大数据技术，很多管理优秀的企业一直都在运用，并非新鲜事物。但是，大数据时代大大提高了数据的总量，使基于数据的管理、基于数据的决策获得更雄厚的数据基础。

就人力资源管理来说，在大数据时代，组织关于员工及潜在员工的信息来源多样化，信息成本来源低廉，信息的真实性和可靠性更好，信息的关联性和相关性开始得到管理者越来越多的重视。于是，利用这些数据来对在职员工的某些可以观测的行为特征与其工作绩效、对组织的贡献等数据进行分析，即可得到基于实证数据的素质模型。这种做法，比以往基于专家、任职者、管理者乃至客户等的主观评价而得来的素质模型，显然更加可靠。

例如，组织管理者如今可以看到很多员工在社交网络中的行为，通过组织的内部网站服务器可以得到员工平时的上网记录。在合法的前提下，组织可以存储、读取和利用这些信息。而且，因为这些信息都是基于实际发生的行为而非自我报告或者他人评价等主观测量的，所以，信息的准确性更高。举一个简单的例子：如果组织能够从实际的工作绩效中区分出给企业带来成功和失败的员工（或者业绩优异和落后的员工），然后分析两个群体在实际工作行为上的差别，很可能找到下一步招聘时的重要关注点。在这样的背景下，组织如果能积极存储、分析这些信息，并将这些信息与组织的发展战略、人力资源管理战略紧密联系，则可以开发出各类职位的胜任力模型，且在未来的招聘中就可以更有目的性地去挑选能为组织带来贡献的候选人。

（四）互联网为组织提供传播雇主品牌的平台

互联网的普遍应用使网络招聘更加普及，各类组织也广泛地应用网络、移动互联媒体等来推广自身的雇主品牌。互联网令信息传播更快，用户在互联网上透露的信息量更丰富。

为了吸引越来越多的优秀人才，组织人力资源管理部门的重要任务是塑造和传播本组织的雇主品牌。互联网为此提供了非常高效的平台。很多公司通过公司官网、官方微博、官方微信账号等方式，吸引更多求职者，也借此传播自身的雇主品牌。展望未来，组织的人力资源管理者需要与时俱进，深刻理解组织的人才战略，精心地打造自身的雇主品牌，选择合适的网络平台，准确地推广自身的雇主品牌，在潜在的求职者中间有效传播组织作为雇主的口碑，定会收到事半功倍的效果。

二、大数据与日常人力资源管理工作

在大数据时代，组织与员工之间的交流更容易、更顺畅。于是，人力资源配备、招聘、日常监督、绩效考核、薪酬福利等方面的工作，也都有了新手段、新挑战。

（一）虚拟团队等新型人员配备方式的兴起

在工作分析与人力资源配备方面，互联网为企业提供了手段以达成员工之间远程合作、虚拟团队，甚至全球协调。一些跨国公司在全世界的不同重要地区分别建立研发中心，它们可以各自发挥其优势，各个团队、员工在公司的研发平台上协同工作，彼此不见面即可了解其他团队成员的工作成果，在这个平台上能实施更有效的合作。这种虚拟团队只有在互联网平台上才能有效运作。

在工作设计方面，弹性工作制、远程工作、在家工作更加容易。互联网便于把不同人的工作更方便地整合起来，特别适用于整合研发、服务等类型的工作。

（二）人力资源管理更加依赖与组织全面信息系统的融合

在互联网兴起之后，组织的各个职能部门之间的联系越发方便、紧密，人力资源管理与组织全面的信息系统之间的融合度更高。

组织可以通过人力资源管理系统进行创新，使更多的员工与网络连接。其目标是使员工与组织内部的办公网络随时连接，且都能进入组织内部管理的信息系统，包括人力资源管理的信息平台。这样，员工便可以随时随地开展可以通过网络来完成的工作。

在执行中，组织的内部办公网络及对应的信息平台可以提供远程协议、网络会议等方式。这些虚拟办公方式将随着网络通信、录像会议、虚拟可视平台等手段，大幅度节约组织的差旅费用、时间成本，从而提高效率。

不过，当前多数组织的信息系统尚不够成熟，尚不能全面地满足这些需要。随着基于互联网的通信、会议等平台的发展，以及越来越多的组织认识到这方面的必要，组织人力资源管理也将迎来一个崭新的时代。

（三）基于网络的招聘提高了招聘效率

互联网便于传播和分享信息的核心特点，为人力资源的招聘工作提供了便利。用人单位可以在互联网上张贴空缺岗位的招聘要求，包括在自己组织的官方网站及在专门的招聘网站上。求职者也可以在这两种网站上去搜索对应的岗位信息，并与组织负责招聘的管理者联系，或者求职者也可以把自己的简历、求职目标等信息发布在招聘网站上，用人单位可能会与求职者主动联系，也可能取得从事人力资源中介服务的企业（猎头公司、招聘网站等）的帮助，熟练地应用各类职位的胜任力模型，从而在众多求职者中挑选出更适合的候选人。这可以有效提高人员招聘的效率，以及提升员工与组织之间的匹配度。

于是，在大数据时代，网络招聘成了最主要的招聘手段。对应地，专门从事这方面业务的企业也逐步做出特色，如中华英才网长期从事这方面的工作，已经成长为行业里面的领军企业。近年来又出现了一些其他的专业公司或者一些公司推出的新应用，有的提供一些特别的服务种类，如招聘短期兼职员工、临时工作等。所有这些，都为各类组织灵活用工、提高人力资源管理的效率和效益提供了可能。

（四）互联网提高培训针对性和效率

大数据时代的技术发展给了组织诸多改进员工工作感受的手段。互联网丰富了组织进行培训的手段，包括网络课程、在线应用软件等。例如，虽然大型开放式网络课程，即慕课仅仅出现数年时间，但是其用户和课程数量经历了指数级的增长，数千万的学员在享受着质量优秀、费用低廉的学习过程。一些组织也开始根据自身的需要，给员工提供推荐课程的清单，并资助员工去参加网络化的学习。还有一些组织与大学合作，针对组织实际情况开发网络课程，并置于组织的内部网上，为本组织的员工提供定制的课程学习，从而方便本组织员工随时随地地进行学习，且将学习效果、学习时间等通过网络手段来进行考核。

互联网还提供了培训需求分析的崭新手段。通过对条件类似的员工的培训需求分析，组织可以为员工提供更精准的培训课程。例如，通过对各个公开课参与人数的统计，组织可以分析员工对不同课程需求的程度，并据此来购买或开发类似的课程，使组织提供的培训更加有针对性，从而更好地满足员工的不同需要。

（五）互联网促进便捷的沟通与协调

在沟通方面，互联网大大丰富了信息沟通的手段，基于互联网的沟通更便捷、更及时、更具有个性化。基于互联网的沟通，可以令员工不拘泥于传统层级制的等级，可以跨部门、跨级别地表达和传递自己的想法，相互沟通也完全平等。其结果是丰富了信息的传播渠道，每个人既可以"一对一"沟通，也可以"一对群"沟通，还可以同时在不同的"群"里沟通，个人获得的信息量很大，组织内部的反馈效率大大提高。

这样沟通的结果，可以突破传统层级组织的沟通局限，从而方便了各团队、各群体内部人与人的平等沟通，也促进了不同团队、不同群体之间的沟通。在充分沟通的基础上容易达成各种工作共识，促进了相互合作和协调。

当然，基于互联网的沟通，也可能导致面对面沟通减少，对人与人之间的情感联系产生不良影响。

（六）为人力资源考核提供新手段

互联网还催生了很多崭新的人力资源考核手段。例如，互联网使大数据普遍应用成为可能，组织更有条件对员工的贡献进行更加精准的分析和评价，绩效考核可以按照更加集中于员工工作结果的方式来进行。

基于互联网提供的各种技术手段，组织可以从员工在一线工作的场合采集到与绩效有关的数据，包括基于结果、行为等各方面特征的基础信息。在这些大量信息的基础上，组织可以进行深入分析后制定合理的考核定量标准。而且这些数据还可以与实际业绩、用户满意度等信息对照，并将其挖掘和利用，将绩效考核深入组织的发展中，这样组织可以更好地实施和达成战略目标，也可以提高长期的运营绩效，增加自身的核心竞争力。应用这些信息，还可以对绩效不佳者进行有针对性的辅导，帮助员工提高业绩水平。

（七）使薪酬管理有可能建立在大数据的基础上

通过基于大数据的职位分析，可以更准确地评价出不同职位的职位价值。而这是薪酬分配的基础。互联网使这一基础工作更加科学，更加扎实。

组织可以基于各个员工对组织的贡献，通过各种数据的分析和调整以后，制定出更符合实际的薪酬结构和标准，使组织薪酬管理的思路得到更准确的表达。

大数据时代的技术手段，令菜单式的个性化福利更容易管理。组织在给员工提供福利的时候，如何做到投入-产出最大化，一直是一个难题。有些福利项目，组织投入不少，但是员工却未必认可，甚至认为组织所提供的福利不能满足自身的需要，这样的福利项目就失去了应有的作用。菜单式的个性化福利可以满足"按需激励"的目标，但是其执行过程中的管理很复杂。

在大数据条件下，组织可以给不同的福利项目赋予一定的权重数字（也可以用金额来标称），同时根据不同职位的价值来确定各个员工的福利总额。这样，员工就可以在互联网技术的支持下，更方便地选择自己最喜欢、最能满足个人需要的福利项目，从而使组织的福利支出获得最佳的激励效果。

此外，大数据也提供了分析员工福利需求的崭新手段。组织的人力资源管理者可以借用外部已有的、针对与本组织员工相似群体的研究成果，更准确地推测本组织员工的福利需求；也可以根据本组织员工的行为数据，来直接分析、测算本组织员工的福利需求。这样则可以从设计福利菜单这个源头上实现"少花钱、多办事"，确保在同样的福利投入下获得最大的激励效果。

第五章　企业物流管理

第一节　企业物流管理概述

一、物流管理的概念

（一）物流的概念

“物流”一词，最早是在20世纪50年代从美国的“physical distribution”一词演变而来的，简称“PD”，原意是指“物的分发”，指的是实物流通过程中的商品实体运动，是与商品销售有关的物流活动。到了20世纪60年代，日本改称为“物流”。

关于物流的概念，由于人们对物流的认识有一个不断深化的过程，所以，目前还没有一个严格的定义。

美国最早对物流的定义是在20世纪50年代，定义为：“物流系指军队运输、补给及屯驻。”后来人们逐渐认识到，物流不仅发生在军事后勤系统，而是普遍地存在于一般的经济体系中，包括企业界、交通运输部门、城市规划中的交通运输系统等。物流活动不论其发生在哪些部门、哪些地区，一般都包括运输和存储活动，并要适时适地提供所需的产品。

1963年，美国物流管理协会对物流管理的定义为：“为了计划、执行和控制原材料、在制品库存及制成品从起源地到消费地的有效率的流动而进行的两种或多种活动的集成。这些活动包括顾客服务、需求预测、交通、库存控制、物料搬运、订货处理、零件及服务支持、工厂及仓库选址、采购、包装、退货处理、废弃物回收、运输、仓储管理。”但是，实体配送表达的领域较为狭窄，物流的概念更宽广、连贯和整体。后来，对这个概念进行了修订，将定义中的“原材料、在制品、制成品”修改为“货物、服务”，这大大拓展了物流的内涵与外延，既包括生产物流，也包括服务物流。

20世纪70年代后期，被采用的定义为：“物流管理是为了便利产品的流通，从物料的获取到最终消费点之间，所有储运活动的计划、组织与控制，并包括有关信息的沟通，以达成顾客服务水平与成本之间的平衡，克服时间与空间的障碍。”

20 世纪 80 年代，美国物流管理协会将物流定义为：“以满足客户需求为目的，对货物、服务及相关信息从供应地到消费地的高效率、低成本流动和储存而进行的计划、实施和控制过程。”物品流动也完成了从实体配送向现代物流的转变。

20 世纪五六十年代，日本的企业界和政府为了提高产业劳动率，组织了各种专业考察团到国外考察学习，公开发表了详细的考察报告，全面推动了日本生产经营管理的发展。1956 年，日本流通技术考察团考察美国引入物流观念后，1958 年 6 月又组织了流通技术国内考察团对日本国内的物流状况进行了调查，这大大推动了日本物流的研究。在 1961—1963 年上半年，日本将物流活动和管理称为“PD”，即“physical distribution”的缩写。到 1963 年下半年，“物的流通”一词开始登场，日通综合研究所 1964 年 6 月《输送展望》杂志中刊登了日通综合研究所所长金谷漳的标题为“物的流通的新动向”的演讲稿，正式运用“物的流通”概念来取代原来直接从英语中引用过来的“PD”，在物流概念引入日本的过程中，物流已被认为是一种综合行为，即“各种活动的综合体”，也就是说既被理解为商品从生产到消费的流通过程，又被认为是流通过程各种活动中物理商品的取报活动。因此，“物的流通”一词包含了“运输”“配送”“装卸”“保管”“在库管理”“包装”“流通加工”和“信息传递”等各种活动。此后，物流行业在日本不断蓬勃发展。物流的内涵与外延也在不断丰富。

中国物流的发展，在 20 世纪实现了从无到有和从小到大两个阶段的变化。物流概念的引入是在 20 世纪 70 年代末，把物流作为一门学科进行研究是在 20 世纪 80 年代中期以后。关于物流的概念，2001 年 8 月 1 日颁布实施的中华人民共和国国家标准《物流术语》将物流定义为：“物品从供应地向接受地的实体流动过程。根据实际需要，将运输、储存、装卸、搬运、包装、流通加工、配送、信息处理等基本功能进行有机结合。”这一定义实际上是对物流活动过程所做的客观描述。在这个概念中，还需要明确以下两个问题：①关于“物”的概念。物流中的“物”是指一切可以进行物理性移动的物质资料和物流服务。物质资料包括物资、物料和货物，从经济用途上，包括生产资料和生活资料。物流服务包括货物代理和物流网络服务；②关于“流”的概念。从一般意义上讲，物流中的“流”是上述物的一种物理性运动形式。这种运动无论在哪种情况下，都要有一系列的活动才能实现，如包装、装卸搬运、储存保管等。物流中的“流”存在于社会再生产的全过程，包括生产领域、流通领域和消费领域。

（二）物流管理的概念

《物流术语》中对物流管理的定义为：“为了以最低的物流成本达到客户所满意的服

务水平，对物流活动进行的计划、组织、协调与控制。”换句话说，物流管理是对原材料、半成品和成品等物料在企业内外流动的全过程所进行的计划、实施、控制等活动。这个全过程就是指物料经过的包装、装卸、搬运、运输、储存、流通加工、物流信息等物流运动的全部过程。

从宏观上来讲，物流管理是指在社会再生产过程中，根据物质资料实体流动的规律，应用管理的基本原理和科学方法，以物流系统为研究对象，对物流活动进行计划、组织、指挥、协调、控制和监督，使各项物流活动实现最佳的协调与配合，以降低物流成本，提高物流效率和经济效益，不断促进物流业的发展，更好地为社会主义现代化和提高人民生活水平服务。

二、物流管理的主要内容

（一）物流管理的层次

从企业经营的角度讲，物流管理是以企业的物流活动为对象，以最低的成本向用户提供满意的物流服务，对物流活动进行的计划、组织、协调和控制。根据企业物流活动的特点，企业物流管理可以从以下三个层次展开。

1. 物流战略管理

企业物流战略管理是指站在企业长远发展的立场上，就企业物流的发展目标、物流在企业经营中的战略定位、物流服务水准以及物流服务内容等问题做出整体规划。

2. 物流系统设计与运营管理

企业物流战略确定以后，为了实施战略，必须有一套得力的实施手段和工具，即物流运作系统。作为物流战略制订后的下一个实施阶段，物流管理的任务是涉及物流系统和物流能力，对物流系统运营进行监控，并根据需要调整系统。

3. 物流作业管理

根据业务需求，制定物流作业计划，按照计划要求对物流作业活动进行现场监督和指导，并对物流作业的质量进行监控。

（二）物流管理的内容

1. 物流基本活动管理

对物流活动诸要素的管理，包括运输管理、储存管理、装卸搬运管理、保管管理、配送管理、流通加工管理和物流信息管理等。

2. 物流基本要素管理

对物流系统诸要素的管理，即对其中人、财、物、设备、方法和信息六大要素的管理，包括人力资源管理、物流技术管理、物流设施管理、物流成本管理等。

3. 物流基本职能管理

对物流活动中具体职能的管理，主要包括物流计划、质量、技术、经济等职能的管理，包括物流战略管理、物流计划管理、物流组织管理、物流运行监控等。

（三）现代物流管理的特点

与传统物流管理相比较，现代物流管理具有以下四个方面的特点：

1. 以实现客户满意为第一目标

现代物流是基于企业经营战略，从客户服务目标的设定开始，进而追求客户服务的差别化。它通过物流中心、信息系统、作业系统和组织构成等综合运作，提供客户所期望的服务，在追求客户满意最大化的同时，求得自身的不断发展。

2. 以企业整体最优为目的

企业物流既不能单纯追求单个物流功能的最优，也不能片面追求各“局部物流”最优，而应实现企业整体最优。

3. 以信息为中心

信息技术的发展带来了物流管理的变革，物流信息技术的运用和供应链物流管理方法的实践，都是建立在信息基础上的，信息成为现代物流管理的中心。

4. 重效率，更重效果

原来的物流以提高效率降低成本为重点，而现代物流不仅重视效率方面的因素，更强调整个物流过程的效果，即若从成果角度看，有的活动虽然使成本上升，但它有利于整个企业战略目标的实现，则这种活动仍然可取。

三、物流服务管理

（一）物流服务的定义

物流服务是企业为了满足客户的物流需求，进行一系列物流活动的结果。

物流服务本身不创造商品的形质效用，而是产生空间效用和时间效用。现代物流管理的核心是在成本有效的范围内，向物流需求方及时有效地供应物品和服务。现代物流管理以客户满意为首要目标，在物流企业经营战略中确立客户服务的标准，通过物流服务差异化途径保证物流服务的高水平。

（二）物流服务的作用

1. 物流服务成为市场细分营销的重要环节

在从大批量生产和销售的规模营销转向细分市场营销后，市场的多样化和分散化使企业不断地符合各种类型与不同层次的市场要求，企业根据差别化战略对客户进行差异化服务，物流服务是差别化营销的重要方式和途径。

2. 物流服务水平是构建物流系统的前提条件

物流的形式将随物流服务水平不同而变化。因此，物流服务水平是构建物流系统的前提条件。企业的物流网络如何规划，物流设施如何设置，物流战略怎样制定，都必须建立在一定的物流服务水平之上。不确定一定的物流服务水平而空谈物流，是“无源之水，无本之木”。

3. 物流服务水平对经营效益的作用

企业的物流成本控制决定企业的物流服务是有限的。因此，在制定合理的企业预期物流服务时，必须考虑到对企业经济效益的影响，特别是对一些非常规紧急物流服务，应考虑其成本适当化，保证经营效益不受太大影响。

4. 物流服务水平是降低物流成本的依据

物流在降低成本方面起着重要的作用，而物流成本的降低必须首先考虑物流服务水平，在保证一定物流服务水平的前提下尽量降低物流成本。从这个意义上说，物流服务水平是降低物流成本的依据。

5. 物流服务有效推动了供应链的运作

对供应链的所有成员提高物流服务，将导致整个流通过程中不断调整企业应对市场的策略，进而创造出一种超越单个企业的供应链价值。

（三）物流服务分类

1. 基本物流服务

物流服务通过功能要素的活动实现，包括包装、运输与配送、储存、流通加工以及相关的物流信息。物流基本服务实现物品的空间效用、时间效用和流通加工效用，提供可靠性和及时性。

（1）运输功能

运输功能是物流服务的基本服务内容之一。物流的主要目的就是要满足客户在时间和地点两个条件下对一定货物的要求，时间的变换和地点的转移是实现物流价值的基本因素。企业既可以通过拥有车辆的方式自己设计运输系统，也可将这项物流业务外包给第三方——专业物流公司。

(2) 储存功能

它是物流服务的第二大职能，实现了物流的时间价值。对企业来说，储存功能是通过一定的库存来实现的。与运输一样，企业既可以构建自己的仓库或租用仓库来对产品进行管理，也可以交给第三方物流企业来完成这项功能。

(3) 配送功能

这是物流服务的第三大职能。配送是将货物送交收货人的一种活动，目的是要做到收发货经济，运输过程更为完善，保持合理库存，为客户提供方便，可以降低缺货的危险，减少订发货费用。

(4) 装卸功能

这是为了加快商品的流通速度必须具备的功能，无论是传统的商务活动还是电子商务活动，都必须具备一定的装卸搬运能力，通过提供更加专业化的装载、卸载、提升、运送、码垛等装卸搬运机械，以提高装卸搬运作业效率，减少作业对商品造成的破损。

(5) 包装功能

物流的包装作业目的不是要改变商品的销售包装，而是通过对销售包装进行组合、拼配、加固，形成适于物流和配送的组合包装单元。

(6) 流通加工功能

流通加工的主要目的是方便生产或销售，专业化的物流中心常常与固定的制造商或分销商进行长期合作，为制造商或分销商完成一定的加工作业，比如贴标签、制作并粘贴条形码等。

(7) 信息处理功能

由于现代物流系统的运作已经离不开计算机，因此，可以将物流各个环节及各种物流作业的信息进行实时采集、分析、传递，并向货主提供各种作业明细信息及咨询信息，这是相当重要的。

2. 增值服务

增值服务是指针对特定客户或特定的物流活动，在基本服务基础上提供的定制化服务，它是超出基本服务范围之外的附加性服务。物流增值服务的内容包括以客户为核心的服务、以促销为核心的服务、以制造为核心的服务和以时间为核心的服务。

(1) 以客户为核心的服务

以客户为核心的增值服务是向买卖双方提供利用第三方专业人员配送产品的各种可供选择的方式。

例如，美国UPS公司开发的独特服务系统，专门为批发商配送纳贝斯克食品公司的快餐食品，这种配送方式不同于传统的糖烟配送服务。这些增值活动的内容包括：处理客户向制造商的订货，直接送货到商店或客户家，以及按照零售商的需要及时地持续补充送货。这类专门化的增值服务可以被有效地用来支持新产品的引入，以及基于当地市场的季节性配送。

（2）以促销为核心的服务

以促销为核心的增值服务是指为刺激销售而独特配置的销售点展销及其他各种服务。

销售点展销包含来自不同供应商的多种产品，组合成一个多节点的展销单元，以便于适合特定的零售商品。在许多情况下，以促销为核心的增值服务还包括对储备产品提供特别介绍、直接邮寄促销、销售点广告宣传和促销材料的物流支持等。

（3）以制造为核心的服务

以制造为核心的物流服务是通过独特的产品分类和配送来支持制造活动的物流服务。

这种增值服务的核心是将流通加工活动提前至生产加工阶段进行，根据客户的需要，对产品进行最终的修正和调整，以适应特定客户的需求，其结果是使服务得到了极大的改善。这些活动在物流系统中都是由专业人员承担的。这些专业人员能够在客户的订单发生时对产品进行最后定型，利用的是物流的时间延迟。

（4）以时间为核心的服务

以时间为核心的增值服务的主要特征是消除不必要的仓库设施，减少重复装卸、搬运活动，最大限度地提高服务速度。

以时间为核心的增值服务的一种流行形式就是准时化。在准时化概念下，供应商先把商品送进工厂附近的仓库，当需求产生时，仓库就会对由多家供应商提供的产品进行重新分类、排序，然后送到配送线上。比如，汽车装配线以准时制的零部件配送代替传统的车间内仓库，进而以同步零件输送线供应组装所需的零件。基于时间的物流战略是竞争优势的一种主要形式。

第二节　仓储管理

一、仓储管理概述

（一）仓储的概念

仓储是仓库储存和保管的简称，一般是指从接受储存物品开始，经过储存保管作业，直至把物品完好地发放出去的全部活动过程。概括地讲就是指通过仓库对暂时不用的物品进行收存、保管、交付使用的活动过程。在这个活动过程中包括存货管理和各项作业活动，即静态的物品储存和动态的物品存取。

仓储活动是随着社会化大分工和商品交换而逐步产生和发展的。自从人类社会开始有了剩余产品，物品储存就成为一切社会形态的一种社会经济现象。特别是在社会化大生产占主导地位的现代社会里，具有一定规模的物品储存更是经济发展的客观要求。

（二）仓储的作用

1. 仓储是确保社会再生产顺利进行的必要条件

及时、齐备、按质、按量供应生产建设所需物资是确保社会再生产顺利进行的必要条件。

2. 仓储是保持商品使用价值和合理使用的重要手段

任何一种商品，从生产出来到消费之前，由于其本身的性质、所处的条件以及自然的、社会的、经济的、技术的因素，都可能使商品在数量上减少、质量上降低，如果不创造必要的条件，就不可避免地使商品造成损害。因此，必须进行科学的管理，加强对商品的养护，搞好仓储活动，以起到对商品的保值作用。

3. 仓储可以加快资金周转、节约流通费用，降低物流成本

搞好物资的仓储活动，可以减少物资在仓储过程中的物质耗用和劳动消耗，可以加速物资的流通和资金的周转，从而节省费用支出，降低物流成本，开拓“第三利润源泉”，提高社会的、企业的经济效益。

（三）仓储的功能

1. 储存功能

现代社会生产的一个重要特征就是专业化和规模化生产，劳动生产率极高，产量巨大，绝大多数产品都不能被及时消费，需要经过仓储手段进行储存，这样才能避免生产过程堵塞，保证生产过程能够继续进行；另一方面，对生产过程来说，适当的原材料、半成品的储存，可以防止因缺货造成的生产停顿。而对销售过程来说，储存尤其是季节性储存可以为企业的市场营销创造良机。适当的储存是市场营销的一种战略，它为市场营销中特别的商品需求提供了缓冲和有力的支持。

2. 保管功能

生产出的产品在消费之前必须保持其使用价值，否则将会被废弃。这项任务就需要由仓储来承担，在仓储过程中对产品进行保护、管理，防止损坏而丧失价值。在保管过程中

要选择合适的储存场所，采取合适的养护措施。

3. 加工功能

保管物在保管期间，保管人根据存货人或客户的要求对保管物的外观、形状、成分构成、尺度等进行加工，使仓储物发生所期望的变化。比如，对保鲜、保质要求较高的水产品、肉产品、蛋产品等食品，可进行冷冻加工、防腐加工、保鲜加工等；对金属材料可进行喷漆、涂防锈油等防锈蚀的加工；对钢材卷板的舒展、剪切加工；对平板玻璃的开片加工；将木材直接加工成各种型材，可使消费者直接使用；对钢材、木材的集中下料，搭配套材，减少边角余料，可节省原材料成本和加工费用。对配送的物品进行各种加工活动，如拆整化零，定量备货。

4. 整合功能

整合是仓储活动的一个经济功能。通过这种安排，仓库可以将来自多个制造企业的产品或原材料整合成一个单元，进行一票装运。其好处是有可能实现最低的运输成本，也可以减少由多个供应商向同一客户进行供货带来的拥挤和不便。

5. 分类和转运功能

分类就是将来自制造商的组合订货分类或分割成个别订货，然后安排适当的运力运送到制造商指定的个别客户。

仓库从多个制造商处运来整车的货物，在收到货物后，如果货物有标签，就按客户要求进行分类；如果没有标签，就按地点分类，然后使货物不在仓库停留而直接装到运输车辆上，装满后运往指定的零售店。

6. 提供信用保证

在大批量货物的实物交易中，购买方必须检验货物、确定货物的存在和货物的品质，方可成交。购买方可以到仓库查验货物。由仓库保管人出具的货物仓单是实物交易的凭证，可以作为对购买方提供的保证。仓单本身也可以作为融资工具，可以直接使用仓单进行质押。

7. 市场信息的传感器

任何产品的生产都必须满足社会的需要，生产者都需要把握市场需求的动向。社会仓储产品的变化是了解市场需求极为重要的途径。仓储量减少、周转量加大，表明社会需求旺盛；反之则为需求不足。厂家存货增加，表明其产品需求减少或者竞争力降低，或者生产规模不合适。仓储环节所获得的市场信息虽然比销售信息滞后，但更为准确和集中，且信息成本较低。现代企业生产特别重视仓储环节的信息反馈，将仓储量的变化作为决定生产的依据之一。现代物流管理特别重视仓储信息的收集和反应。

（四）仓储管理的概念

仓储管理是指对仓库和仓库中储存的货物进行管理，是仓储机构为了充分利用所具有的仓储资源（包括仓库、机械、人、资金、技术），提供高效的仓储服务所进行的计划、组织、控制和协调过程。

仓储管理的内涵随着其在社会经济领域中的作用的不断扩大而变化。仓储管理从单纯意义上对货物存储的管理，已转变为物流过程中的中心环节，它的功能已不是单纯的货物存储，而是兼有包装、分拣、整理、简单装配等多种辅助性功能。

（五）仓储管理的原则

1. 效率原则

效率是指在一定劳动要素投入量时的产品产出量。高效率是现代生产的基本要求。仓储效率表现在作业效率、仓容利用率、货物周转率以及破损率和差错率指标上。

仓储成本是物流成本的重要组成部分，因而仓储效率的提高关系到整个物流系统的效率和成本。在仓储管理过程中要充分发挥仓储设施设备的作用，提高仓库设施和设备的利用率；要充分调动仓库生产人员的积极性，提高劳动生产率；要加速在库物品周转，缩短物品在库时间，提高库存周转率。

2. 效益原则

企业生产经营的目的，就是要获得最大的经济效益，而利润是经济效益的表现形式。利润大，经济效益好；反之，经济效益差。

利润＝经营收入－经营成本－税金

从这个公式中可以看出，要实现利润最大化则需要实现经营收入最大化和经营成本最小化。

3. 服务原则

仓储活动本身就是向社会提供服务产品、围绕服务定位，如提供服务、改善服务、提高服务质量，要在经营成本和服务水平间寻找平衡。不能因一味降低经营成本而降低服务水平，如运输过程中，一路揽货提高运输效率，但造成运货时间耽误；也不能不计成本，一味追求服务水平，如为吸引客户而提供无原则的服务标准，将会造成缺乏经济效益。

二、商品入库管理

商品入库是商品进入仓库的首要环节，是仓储作业的开始，是商品保管工作的基础，入库工作的好坏直接影响到后续工作的开展。因此，必须对入库作业进行系统的管理，科学地组织入库作业流程。商品入库管理，是根据商品入库凭证，在接受入库商品时所进行的卸货、查点、验收、办理入库手续等各项业务活动的计划和组织。入库作业主要包括入库交接、入库验收和入库手续办理。

（一）商品入库交接

由于货物到达仓库的形式不同，除了一小部分由供货单位直接运到仓库交货外，大部分要经过铁路、公路、航运、空运和短途运输等运输工具转运。凡经过交通运输部门转运的商品，都必须经过仓库接运后才能进行入库验收。因此，货物的接运是入库业务流程的第一道作业环节，也是仓库直接与外部发生的经济联系。商品接运是商品入库和保管的前提，接运工作完成的质量直接影响商品的验收和入库后的保管保养。商品接运的主要方式有以下两种：

1. 提货

（1）到承运单位提货

到承运单位提货是物流中心组织货源的一种重要形式，对于这种提货方式应进行合理组织、精心安排。

①物流中心应组织专门人员及提货车辆进行提货业务，在提货前要求做好各种准备。如提货人员要了解所提货物的品名、规格、数量、到货时间和交货情况，根据到货量的多少，组织装卸人员、车辆及机具。

②提货时，应根据运单及有关资料详细核对所提货物的品名、规格、数量，并要注意商品外观，查看包装铅封是否完好。若存在品名、数量等不符情况，应当场要求承运部门检查，对于短缺、破损、受潮、变质等情况，提货人员当场要求其出具铁路货运记录、普通记录或公路运输交接单。

③商品入库后，提货员要与保管员密切配合，使提运、验收、入库堆码等作业尽可能一次完成，提高作业工作效率。

（2）到供货单位提取货物

到供货单位提取货物是仓库受托运方的委托，直接到供货单位提货的一种形式。其作业内容和程序主要是当货站接到托运通知单后，做好一切提货准备，并将提货与物资的初步验收工作结合在一起进行。最好在供货人员在场的情况下，当场进行验收。因此，接运人员要按照验收注意事项提货，必要时可由验收人员参与提货。

（3）承运单位送货到库

交通运输等承运部门受供货单位或货主委托送货到库。接货要求与供货单位送货到库的要求基本相同。所不同的是发现错、缺、损等问题后，除了要送货人员当场出具书面证明、签章确认外，还要及时向供货单位和承运单位发出查询函电并做有关记录。

除了以上几种方式外，接运的方式还有铁路专用线到货接运、供货单位送货到库等。

2. 办理交接手续

货物到库后，仓库收货人员首先要检查货物入库凭证，然后根据入库凭证开列的收货单位和货物名称与送交的货物内容和标记进行核对，然后就可以与送货人员办理交接手续。交接手续通常是由仓库保管员在送货回单上签名盖章表示货物收讫。如果在以上工序中发现有异常情况，必须在送货单上详细注明并由送货人员签字，或由送货人员出具差错、异常情况记录等书面材料，作为事后处理的依据。

（二）商品入库验收

商品入库验收是根据合同或标准的规定要求，对入库的商品的品质、数量、包装等进行检验查收的总称。凡商品进入仓库储存，必须经过检查验收，只有验收后的商品方可入库保管。

1. 质量检验

质量检验是鉴定商品的质量指标是否符合规定。质量检验分外观质量检验和内在质量检验。前者是从外观、外包、规格、品种等方面进行检验，后者是由专业技术检验单位进行。检验方法有感官检验和理化检验两种。感官检验一般是由仓库保管员在验收商品时凭感官检查商品的包装、外观等，理化检验一般由技术检验部门进行取样测定。

2. 数量检验

商品运到后，收货人员要按商品入库单清点商品数量。商品数量检验包括点件查数、抽验查数和检斤换算等方法。点件查数法是指按件、只、台等计量的商品检验方法，即逐件、逐日、逐台进行点数加总求值。抽验查数法是按一定比率开箱验件的方法。一般适合批量大、定量包装的商品。检斤换算法是指通过重量过磅换算该商品的数量，适合商品标准和包装标准的情况。

3. 包装检验

物资包装的好坏、干潮直接关系着物资的安全储存和运输。所以，对物资的包装要进行严格验收，凡是产品合同对包装有具体规定的要严格按规定验收，如箱板的厚度，纸箱、麻包的质量等。对于包装的干潮程度，一般是用眼看、手摸方法进行检查验收。

4. 验收中发现问题的处理

商品在验收中，可能会发现一些问题，验收人员应分不同情况，在有效期内进行处理。对于验收中发现的问题，应根据不同情况，采取不同的方法进行处理。

（1）商品入库凭证不齐或不符时，仓库有权拒收或要求重办入库凭证，将所到商品另行堆放，暂做待验处理，待证件到齐后再进行验收。

（2）凡质量不符合规定时，验收人员应如实慎重填写商品验收记录，并及时通知存货单位，由存货单位向供货单位交涉处理。

（3）数量、型号、规格不符合规定时，应根据造成的原因不同分别进行处理。如果是由于供货单位少发、错发原因引起时，应及时向存货单位和供货单位反映，由存货单位与供货单位协商解决。在问题解决前，该批商品应单独存放、妥善保管，不得发放出库，以备供货方复查。待问题解决后，再办理入库手续。

（三）商品入库交接

入库物品经过点数、查验之后，可以安排卸货、入库堆码，表示仓库接受物品。在卸货、搬运、堆垛作业完毕后，与送货人办理交接手续，并建立仓库台账。

1. 交接手续

交接手续是指仓库对收到的物品向送货人进行的确认，表示已接收到物品。办理完交接手续，意味着分清运输、送货部门和仓库的责任。完整的交接手续包括以下三方面：

（1）接受物品

仓库通过理货、查验物品，将不良物品剔出、退回或者编制残损单证等明确责任，确定收到物品的确切数量、物品表面状态良好。

（2）接受文件

接受送货人送交的物品资料、运输的货运记录、普通记录等，以及随货的在运输单证上注明的相应文件，如图纸、准运证等。

（3）签署单证

仓库与送货人或承运人共同在送货人交来的送货单、交接清单上签署。各方签署后留存相应单证。入库、查验、理货、残损单证、事故报告由送货人或承运人签署。

2. 登账

物品入库，除仓库的财务部门有商品账单凭证结算外，报关业务部门也要建立详细反映库存商品进、出和结存的商品明细账单，用以记录库存商品的动态，并为对账提供依据。

登账的主要内容有：物品名称、规格、数量、件数、累计数或结存数、存货人或提货人、批次、金额，注明货位号或运输工具、接（发）货经办人。

3. 立卡

物品入库或上架后，将物品名称、规格、数量或出入状态等内容填在料卡上，称为立卡。料卡又称为货卡、货牌，插放在货架上物品下方的货架支架上或摆放在货垛正面明显位置。货卡按其作用不同分为货物状态卡、商品保管卡。商品保管卡包括标志卡和储存卡等。

4. 建立档案

建立商品档案，是将商品入库作业全过程的有关资料进行整理、核对，建立资料档案，为商品的保管、出库业务活动创立良好条件。

三、商品出库管理

商品出库，是仓库根据业务部门或存货单位开具的出库凭证，经过审核出库凭证、备料、拣货、分货等业务直到把商品点交给要货单位或发运部门的一系列作业过程。它是仓储作业的结束，是商品保管工作的实现和完成。商品出库工作的好坏直接影响到企业的经济效益和社会效益，因此，及时、准确地做好出库业务工作，是仓储管理的一项重要工作。

（一）商品出库方式

送货与自提是两种基本的发货方式，此外，还有过户、取样、移仓。

1. 送货

送货是指仓库根据货主单位的出库通知或出库请求，通过发货作业把应发物品交由运输部门送达收货单位或使用自有车辆把物品运送到收货地点的发货形式。送货可向外地送货，也可向本地送货。以送货方式出库的手续，须由送料人员办理发料凭证，一式四份，一份送料人签收后交给仓库保管留存并依次核销库存，一份由保管员签章后留存，一份由送料人、保管人共同签章后交给送料单位，一份由送料人、保管人共同签章后交物料统计员。

仓库实行送货具有多方面的好处：仓库可预先安排作业，缩短发货时间；收货单位可避免因人力、车辆等不便而发生的取货困难；在运输上，可合理使用运输工具，减少运费。

2. 自提

自提这种发货形式是由收货人或其代理人持取货凭证直接到库取货，仓库凭单发货。仓库发货人与提货人可以在仓库现场划清交接责任，当面交接并办理签收手续。

3. 过户

过户是一种就地划拨的形式，物品实物并未出库，但是所有权已从原货主转移到新货主的账户中。仓库必须根据原货主开出的正式过户凭证，才予以办理过户手续。

4. 取样

取样是指货主由于商检或样品陈列等需要，到仓库提取货样（通常要开箱拆包、分割抽取样本）。仓库必须根据正式取样凭证发出样品，并做好账务记载。

5. 移仓

移仓是指货主为了业务方便或改变储存条件，将某批库存自甲库转移到乙库。仓库也必须根据货主单位开出的正式转仓单办理转仓手续。

（二）商品出库作业

商品出库作业包括两个内容，即发货前的经常性准备和发放商品出库。

通常情况下，仓库在接到客户通过网络传来或送来的提货单后，为了能准确、及时、安全、节约地做好商品出库，提高工作效率，仓库应根据出库凭证的要求做好以下准备工作：①选择发货的货区、货位；②原件商品的包装整理；③安排好出库商品的堆放场地；④送货上门的商品要备好车辆；等等。

商品出库作业流程的一般程序是：核单—记账—配货—复核—发货。

仓库部门在接到出货凭证后，必须对出库凭证进行审核，包括审核出库凭证的合法性和真实性；核对出库商品的品名、型号、规格、单价、数量；审核出库凭证手续是否齐全、内容是否完整。

出库凭证经审核确实无误后，将出库凭证信息进行处理。记账员将出库凭证上的信息按照规定的手续登记入账，同时在出库凭证上批注出库商品的货位编号，并及时核对发货后的结存数量。

配货过程包括拣货和分货两个环节。拣货就是依据客户出库单或仓储部门的拣货单，尽可能迅速地将商品从其储存位置或其他区域拣取出来的作业过程。在拣货作业完成后，根据客户订单进行货物分类工作，即分货。

为了保证出库商品不出差错，配好货后企业应立即进行出货检查，即复核。复核由复核员按出库凭证对出库商品的品名、规格、单位、数量等进行复核，既要复核单货是否相符，又要复核货位结存量来验证出库量是否正确。检查无误后，复核人在出库凭证上签字，方可包装或交付装运。

复核完成后，有的商品不需要进行包装就可直接装运出库，有的需要进行包装才可装运出库，这时需要加上包装这个作业环节。出库商品无论是要货单位自提，还是交付运输部门发送，发货人员必须向收货人或运输人员逐车逐件交代清楚，划清责任，即进行点交。在点交办完后，应装车发运。

第三节　配送管理

一、配送概述

（一）配送的概念

配送是指按用户订货的要求，以现代送货形式，在配送中心或其他物流据点进行货物配备，以合理的方式送交用户，实现资源的最终配置的经济活动。这个概念说明了以下六方面的内容：

第一，明确指出按用户订货的要求。所以，配送是以用户为出发点，用户处于主导地位，配送处于服务地位。因此，配送在观念上必须明确“用户第一、质量第一”。

第二，配送的实质是现代送货。配送和传统送货的区别在于，一般送货可以是一种偶然的行为，而配送却是一种体制行为；一般送货是完全被动的服务行为，而配送则是一种有组织、有计划、高效率、优质服务的行为；传统送货依靠自发意识，而配送依靠现代生产力和现代物流科技。

第三，配送是从物流节点至用户的一种特殊送货形式，表现为中转型送货，而不是工厂至用户的直达型。

第四，配与送有机地结合。“配”是指配用户、配时间、配货品、配车辆、配路线；“送”是指送货运输。

第五，强调合理的方式送交用户，即配送者必须以用户要求为依据的同时，应该追求合理性，并指导用户，实现双方都有利可图的商业原则。

第六，配送是对资源的配置作用，是最终配置。

（二）配送的作用

配送与运输、仓储、装卸搬运、流通加工、包装和物流信息融为一体，构成了物流系统的功能体系，其作用表现在以下五方面：

1. 配送可以降低整个社会物资的库存水平

发展配送，实行集中库存，整个社会物资的库存总量必然低于各企业分散库存总量。同时，配送有利于灵活调度，有利于发挥物资的作用。此外，集中库存可以发挥规模经济优势，降低库存成本。

2. 配送有利于提高物流效率，降低物流费用

采用配送方式，批量进货、集中发货，以及将多个小批量集中于一起大批量发货，都可以有效地节省运力，实现经济运输，降低成本，提高物流经济效益。

3. 对生产企业来讲，配送可以实现零库存

一方面，对产成品而言，可以根据需要多少就生产多少，实现产成品零库存；另一方面，对原材料而言，需要多少，供应商就供应多少，也可以做到零库存，从而大大降低经营成本。

4. 配送对广大用户而言，提高了物流服务水平

配送能够按时按量、品种配套齐全地送货上门，一方面简化了手续，节省了成本，提高了效率；另一方面，保障了物资供应，满足了人们生产生活的物资需要和服务享受。

5. 配送对整个社会和生态环境来说，也起着重要的作用

配送可以节省运输车辆、缓解交通紧张状况、减少噪声、尾气排放等运输污染。

（三）配送的构成要素

集货、分拣、配货、配装、配送运输、送达服务以及配送加工等是配送最基本的构成单元。

1. 集货

集货是指将各个用户所需要的各种物品，按需要的品种、规格、数量，从仓库的各个货位拣选集中起来，以便进行装车配送的作业。

2. 分拣

分拣是指将集货形成的集中物品按运输车辆分开来，分别堆放到指定地点的作业或是指按品名、规格、出入库先后顺序进行分门别类的作业。分拣可分为订单拣取和批量拣取。

3. 配货

配货是指使用各种拣选设备和传输装置，按客户的要求将商品分拣出来，配备齐全，送入指定发货区。

4. 配装

配装是指将客户所需的各种货品，按其配送车辆的装载容量进行装载组配。在单个用户配送数量不能达到车辆的有效载运负荷时，就存在如何集中不同用户的配送货物，进行搭配装载以充分利用运能、运力的问题，这就需要配装。

5. 配送运输

配送运输属于运输中的末端运输、支线运输，和一般运输形态的主要区别在于：配送

运输是较短距离、较小规模、额度较高的运输形式，一般使用汽车做运输工具。

6. 送达服务

配好的货物运输到用户还不算配送工作的完结，这是因为送达货物和用户接货往往还会产生不协调，使配送前功尽弃。因此，要圆满地实现运货的移交，并有效地、方便地处理相关手续并完成结算，还应讲究卸货地点、卸货方式等。

7. 配送加工

配送加工是指按照配送客户的品种要求所进行的流通加工活动。它可以扩大配送品种的实用度，提高客户的满意程度，提高服务水平，提高配送的吸引力。在配送中，配送加工这一功能要素不具有普遍性，但往往是有重要作用的功能要素。

二、配送中心功能

（一）配送中心概念

配送中心是组织配送性销售或供应，专门从事实物配送工作的物流节点。

配送中心是物流领域社会分工、专业分工细化的产物，它适应了物流合理化、生产社会化、市场扩大化的客观需求，集储存、加工、集货、分货、装运、信息等多项功能于一体，通过集约化经营取得规模效益。

（二）配送中心功能

配送中心的功能全面完整，众多配送任务均通过功能完成。具体来说，配送中心的功能如下：

1. 集货功能

为了能够按照用户要求配送货物，首先必须集中用户需求规模备货，从生产企业取得种类、数量繁多的货物，这是配送中心的基础功能，是配送中心取得规模优势的基础所在，一般来说，集货批量应大于配送批量。

2. 储存功能

配送中心的服务对象是众多的企业和商业网点（如超级市场和连锁店），为了顺利而有序地完成向用户配送商品（货物）的任务及更好地发挥保障生产和消费需要的作用，通常，配送中心都要兴建现代化的仓库并配备一定数量的仓储设备，储存一定数量的商品，形成对配送的资源保证。

3. 分拣功能

为了将多种货物向多个用户按不同要求、种类、规格、数量进行配送，配送中心必须有效地将储存货物按用户要求分拣出来，并能在分拣基础上，按配送计划进行理货，这是配送中心的核心职能。为了提高分拣效率，应配备相应的分拣装置，如货物识别装置、传送装置等。

4. 集散功能

在物流实践中，配送中心凭借其特殊的地位和其拥有的各种先进的设施和设备，能够将分散在各个生产企业的产品（即货物）集中到一起，而后，经过分拣、配装，向多家用户发运。与此同时，配送中心也可以做到把各个用户所需要的多种货物有效地组合（或配装）在一起，形成经济、合理的货载批量。配送中心在流通实践中所表现出的这种功能即（货物）集散功能，也有人把它称为“配货、分散”功能。

5. 流通加工功能

经济高效的运输、装卸、保管一般需要大的包装形式。但在配送中心下位的零售商、最终客户，一般需要小的包装。为解决这一矛盾，有的配送中心设有流通加工功能。流通加工与制造加工不同，它对商品不做性能和功能的改变，仅仅是商品尺寸、数量和包装形式的改变。

6. 信息功能

配送中心在干线物流与末端物流之间起衔接作用，这种衔接不但依靠实物的配送，也依靠情报信息的衔接。配送中心的信息活动是全物流系统中重要的一环。

三、配送作业管理

（一）配送作业的基本环节

从总体上看，配送是由备货、理货和送货等三个基本环节组成的，其中每个环节又包含着若干项具体的、技术性的活动。

1. 备货

备货指准备货物的系列活动，它是配送的基础环节。备货应当包括两项具体活动，即筹集货物和储存货物。

（1）筹集货物

在不同的经济体制下，筹集货物是由不同的行为主体去完成的。若生产企业直接进行配送，那么，筹集货物的工作自然是由企业自己去组织的。在专业化流通体制下，筹集货物的工作会出现两种情况：其一，由提供配送服务的配送企业直接承担，一般是通过向生产企业订货或购货完成此项工作；其二，选择商流、物流分开的模式进行配送，订货、购货等筹集货物的工作通常是由货主自己去做，配送组织只负责进货和集货等工作，货物所有权属于货主。总之，筹集货物都是由订货、进货、集货及相关的验货、结算等一系列活动组成的。

（2）储存货物

储存货物是购货、进货活动的延续。在配送活动中，货物储存有两种表现形态：一种是暂存形态；另一种是储备形态。暂存形态的储存，是按照分拣、配货工序要求，在理货场地储存少量货物。储备形态的储存是按照一定时期配送活动要求和根据货源的到货情况，有计划地确定的，它是决定配送效益高低的关键环节。

2. 理货

理货是配送的一项重要内容，也是配送区别于一般送货的重要标志。理货包括货物分拣、配货和包装等经济活动。货物分拣是采用适当的方法和手段，从储存的货物中分出用户所需要的货物。分拣货物一般采取两种方式来操作：一种是摘取式；一种是播种式。

3. 送货

送货是配送活动的核心，也是备货和理货工序的延伸。在物流活动中，送货的现象形态实际上就是货物的运输，因此，常常以运输代表送货。但是，组成配送活动的运输与通常所讲的“干线运输”是有很大区别的。由于配送中的送货须面对众多的客户，并且要多方向运动，因此，在送货过程中，常常要进行运输方式、运输路线和运输工具三种选择。按照配送合理化的要求，必须在全面计划的基础上，制定科学的、距离较短的货运路线，选择经济、迅速、安全的运输方式和适宜的运输工具。

（二）配送作业的一般流程

配送作业的一般流程即配送活动必须经过的基本工艺流程，也是各种货物的配送活动共同具有的工艺流程。配送的一般流程基本上是这样一种运动过程：进货—储存—分拣—配货、配装—送货。每个流程的作业内容如下所述：

1. 进货

进货亦即组织货源，其方式有两种：一种是订货或购货；另一种是集货或接货。前者的货物所有权属于配送主体，后者的货物所有权属于用户。

2. 储存

储存即按照用户提供的要求并依据配送计划将购到或收集到的各种货物进行检验，然后分门别类地储存在相应的设施或场地中，以备拣选和配货。储存作业一般都包括这样几道程序：运输—卸货—验收—入库—保管—出库。储存作业依产品性质、形状不同而形式各异：有的利用仓库进行储存，有的利用露天场地储存，特殊商品则需要储存在特制的设备中。为了提高储存的作业效率及储存环节合理化，目前，许多国家普遍采用了先进的储存技术和储存设备。

3. 分拣、配货

分拣和配货是同一个工艺流程中的有着紧密关系的两项经济活动。有时，这两项活动是同时进行和同时完成的。在进行分拣、配货作业时，少数场合是以手工方式进行操作的，更多的场合是采用机械化或半机械化方式去操作的。随着一些高新技术的广泛应用，自动化的拣/配货系统已在很多国家的配送中心建立起来，并发挥了重要的作用。

4. 送货

在送货流程中，包括这样几项活动：搬运、配装、运输和交货。其作业程序为：配装—运输—交货。送货是配送的终结。在送货这道工序中，运输是一项主要的经济活动。据此，在进行送货作业时，选择合理的运输方式和使用先进的运输工具，对于提高送货质量至关重要。

第四节 供应链管理

一、供应链管理概述

（一）供应链的概念

供应链就是指在产品生产和流通过程中，涉及将产品或服务提供给最终用户活动的上游与下游企业所形成的网络结构。

供应链是20世纪80年代后期全球制造和全球经济一体化浪潮下，为克服传统企业管理模式的弊端而形成的一个新概念。供应链一般分为内部供应链和外部供应链。内部供应链是指企业内部产品生产和流通过程中所涉及的采购部门、生产部门、仓储部门、销售部门等所组成的供需网络；而外部供应链是指企业外部与企业相关的产品生产和流通过程中所涉及的原材料供应商、生产厂商、储运商、零售商以及最终消费者组成的供需网络。内部供应链和外部供应链共同组成了企业产品从原料到成品再到消费者的供应链。可以说，内部供应链是外部供应链的缩小化。

（二）供应链的特征

根据供应链的定义，可以得出供应链的结构模型。从供应链的结构模型可以看出，供应链是一个网链结构，由围绕核心企业的供应商、供应商的供应商和用户、用户的用户组成。一个企业是一个节点，节点企业和节点企业之间是一种需求与供应的关系。供应链主要具有以下特征：

1. 复杂性

因为供应链节点企业组成的层次不同，供应链往往由多个、多类型，甚至多国企业构成，涉及不同的组织文化或民族文化背景，所以，供应链结构模式一般比单个企业的结构模式更为复杂。

2. 动态性

为了企业战略和适应市场需求变化的需要，节点企业需要动态地更新，这就使得供应链具有明显的动态性。

3. 面向用户需求

供应链的形成、存在、重构，都是基于一定的市场需求而发生的，并且在供应链的运作过程中，用户的需求变动是供应链中信息流、产品流、资金流运作的驱动源。

4. 交叉性

节点企业可以是这个供应链的成员，同时又是另一个供应链上的成员，众多的供应链形成交叉结构，增加了协调管理的难度。尤其是在信息系统的建设和使用上，会产生接口的协调问题，需要有信息技术的支持使之标准化，才能满足节点企业在多条供应链上交叉点的现实需求。

（三）供应链管理的概念

供应链管理作为管理学的一个新概念，是伴随着供应链竞争力概念的出现而在管理领域形成的一个崭新的管理思想和方法，已经成为管理哲学中的一个新元素。但是，关于对供应链管理概念的理解仍然仁者见仁，智者见智。下面介绍几个不同机构对供应链管理所下的定义。

全球供应链论坛对供应链管理的定义为："供应链管理是从最终用户到初始供应商的向客户和持股者提供增值的产品、服务和信息的关键业务流程的集成。"

美国供应链协会认为："供应链管理贯穿于整个渠道，主要管理供应与需求、原材料与零部件采购、制造与装配、库存与存货跟踪、订单输入、分销和向客户交货。"

我国 2001 年发布实施的《物流术语》国家标准对供应链管理的定义为："利用计算机网络技术全面规划供应链中的商流、物流、信息流、资金流等，并进行计划、组织、协调与控制。"

（四）供应链管理的特点

供应链管理是一种新型的管理模式，它的特点可以从与传统管理方法及传统物流管理的比较中显现出来。

1. 与传统的管理方法相比较

供应链管理主要致力于建立成员之间的合作关系。与传统的管理方法相比，它具有如下特点：

（1）以客户为中心

在供应链管理中，客户服务目标的设定优先于其他目标，它以客户满意为最高目标。供应链管理本质上是满足客户需求，它通过降低供应链成本的战略，实现对客户的快速反应，借此提高客户满意度，获取竞争优势。

（2）跨企业的贸易伙伴之间密切合作、共享利益、共担风险

在供应链管理中，企业超越了组织机构的界限，改变了传统的经营意识，建立起新型的客户关系，这些使企业意识到不能仅仅依靠自己的组员来参与市场竞争，提高经营效率，而要通过与供应链参与各方进行跨部门、跨职能和跨企业的合作，建立共同利益的合作伙伴关系，追求共同的利益，发展企业之间稳定的、良好的、共存共荣的互助合作关系，建立一种双赢关系。

（3）集成化管理

供应链管理应用网络技术和信息技术，重新组织和安排业务流程，实现集成化管理。通过应用现代信息技术，供应链成员不仅能及时有效地获得其客户的需求信息，并且能对信息做出及时响应，满足客户的需求。

（4）供应链管理是对物流的一体化管理

物流一体化是指不同职能部门之间或不同企业之间通过物流合作，达到提高物流效率、降低物流成本的目的。供应链管理是指通过物流将企业内部各部门及供应链各节点企业联结起来，改变交易双方利益对立的传统观念，在整个供应链范围内建立起共同利益的协作伙伴关系。供应链管理把从供应商开始到最终消费者的物流活动作为一个整体进行统一管理，始终从整体和全局上把握物流的各项活动，使整个供应链的库存水平最低，实现供应链整体物流最优化。

总之，供应链管理可以更好地了解客户，给他们提供个性化的产品和服务，使资源在供应链上合理流动，缩短物流周期，降低库存，降低物流费用，提高物流效率，从而提高企业的竞争力。

2. 与传统物流管理相比较

物流已经发展成为供应链管理的一部分，它改变了传统物流的内涵，与传统物流管理相比，供应链管理具有如下特点：

（1）供应链管理是对互动界面的管理

从管理的对象来看，物流是以存货资产为其管理对象的，而供应链管理则是对存货流动（包括必要的停顿）中的商务过程的管理，因此，更具有互动的特征。必须对供应链中所有关键的商务过程实施精细的管理，即需求管理、订单执行管理、制造流程管理、采购管理和新产品开发及其商品化管理等。在有些企业的供应链管理过程中，还包括从环境保护理念出发的商品回收渠道管理，如施乐公司。

（2）供应链管理是物流的更高级的形态

事实上，供应链管理也是从物流的基础上发展起来的，在企业运作的层次上，从实物分配开始，到整合物资管理，再到整合相关信息，通过功能的逐步整合形成了物流的概念。从企业关系的层次来看，则有从制造商向批发商和分销商再到最终用户的前向整合，也有向供应商的后向整合。通过关系的整合形成了供应链管理的概念。从作业功能的整合到渠道关系的整合，使物流从战术的层次提升到战略高度。所以，供应链管理看起来是一个比较新的概念，实际上是传统物流的逻辑延伸。

（3）供应链管理是协商的机制

物流在管理上是一个计划的机制，主导企业通常是制造商，它们力图通过一个计划来控制产品和信息的流动，其与供应商和客户的关系本质上是利益冲突的买卖关系，常常导致存货向上游企业的转移或成本的转移。供应链管理同样需要制订计划，但目的是为了谋求在渠道成员之间的联动和协调。

供应链管理是一个开放的系统，它的一个重要的目标就是通过分享需求和当前存货水平的信息来减少或消除所有供应链成员企业所持有的缓冲库存。这就是供应链管理中“共同管理库存”的理念。

（4）供应链管理更强调组织外部一体化

物流主要是关注组织内部的功能整合，而供应链管理认为只有组织内部的一体化是远远不够的。供应链管理是一项高度互动和复杂的系统工程，需要同步考虑不同层次上的相互关联的技术经济问题，进行成本效益权衡。比如，要考虑在组织内部和组织之间，存货以什么样的形态放在什么样的地方，在什么时候执行什么样的计划；供应链系统的布局和选址决策，信息共享的深度；实施商务过程一体化管理后所获得的整体效益如何在供应链成员之间进行分配；特别是要求供应链成员在一开始就共同参与制定整体发展战略或新产品开发战略等。

（5）供应链管理对共同价值有着更大的依赖性

作为系统结构复杂性增加的逻辑必然，供应链管理将更加依赖信息系统的支持。供应链管理则是首先解决在供应链伙伴之间的信息可靠性问题。所以，有时也把供应链看作是基于信息增值交换的协作伙伴之间的一系列关系，互联网为提高信息可靠性提供了技术支持，但如何管理和分配信息则取决于供应链成员之间对商务过程一体化的共识程度。所以，与其说供应链管理依赖网络技术，还不如说供应链管理首先是对供应链伙伴的相互信任、相互依存、互惠互利和共同发展的共同价值观和依赖。

(6) 供应链管理是“外源”整合组织

与垂直一体化物流不同，供应链管理更多的是在自己的“核心业务”基础上，通过协作整合外部资源来获得最佳的总体运作效果，除了核心业务以外，几乎每件事都可能是“外源的”，即从公司外部获得的。

(7) 供应链管理是一个动态的响应系统

在供应链管理的具体实施中，贯穿始终的对关键过程的管理测评是不容忽视的。高度动态的商业环境要求企业管理层对供应链的动作实施规范的和经常的监控和评价，当管理目标没有实现时，就必须考虑可能的替代供应链和做出适当的应变。

(五) 供应链管理的内容

供应链管理主要涉及五个主要领域，即供应（supply）、生产计划（schedule plan）、物流（logistics）、需求（demand）和回流（return）。供应链管理是以同步化、集成化生产计划为指导，以各种技术为支持，尤其以“Internet/Intranet”为依托，围绕供应、生产作业、物流（主要指制造过程）、满足需求来实施的。供应链管理主要包括计划、合作、控制从供应商到用户的物料（零部件和成品等）和信息。供应链管理的目标在于提高用户服务水平和降低总的交易成本，并且寻求两个目标之间的平衡（这两个目标往往有冲突）。

在以上五个领域的基础上，我们可以将供应链管理细分为基本职能领域和辅助领域。基本职能领域主要包括产品工程、产品技术保证、采购、生产控制、库存控制、仓储管理、分销管理、回收管理；而辅助领域主要包括客户服务、制造、设计工程、会计核算、人力资源、市场营销等。

由此可见，供应链管理关心的并不仅仅是物料实体在供应链中的流动，除了企业内部与企业之间的运输问题和实物分销以外，供应链管理还包括以下主要内容：

1. 战略性供应商和用户合作伙伴关系管理；
2. 供应链产品需求预测和计划；
3. 供应链的设计（全球节点企业、资源、设备等的评价、选择和定位）；
4. 企业内部与企业之间物料供应与需求管理；
5. 基于供应链管理的产品设计与制造管理、生产集成化计划、跟踪和控制；
6. 基于供应链的用户服务和物流（运输、库存、包装等）管理；

7. 企业间资金流管理（汇率、成本等问题）；

8. 基于 Internet/Intranet 的供应链交互信息管理；

9. 反向物流管理。

供应链管理注重总的物流成本（从原材料到最终产成品的费用）与用户服务水平之间的关系，为此要把供应链各个职能部门有机地结合在一起，从而最大限度地发挥出供应链整体的力量，达到供应链企业群体获益的目的。

二、供应链合作伙伴关系管理

（一）供应链合作伙伴关系的定义

所谓供应链的合作伙伴关系（supply chain partnership，SCP），也就是供应链中各节点企业之间的关系，对制造业来说，就是供应商与制造商之间的关系。在供应链内部两个或两个以上独立的成员之间形成的一种协调关系，以保证实现某个特定的目标或效益。供应链管理的精髓就在于企业间的合作，没有合作就谈不上供应链管理。

供应链合作伙伴关系形成于集成化供应链管理环境下，形成于供应链中为了特定的目标和利益的企业之间，形成的目的通常是为了降低供应链总成本、降低库存水平、增强信息共享水平、改善相互之间的交流、产生更大的竞争优势，以实现供应链节点企业的财务状况、质量、产量、用户满意度以及业绩的改善和提高。

实施供应链合作伙伴关系意味着新产品和技术的共同开发、数据和信息的交换、市场机会共享和风险共担。在供应链合作关系环境下，制造商选择供应商不再只是考虑价格，而是更注重选择能在优质服务、技术革新、产品设计等方面进行良好合作的供应商。

（二）供应链战略合作伙伴关系的管理

供应链系统运行业绩的好坏主要取决于合作伙伴关系是否协调，只有和谐而稳定的关系才能发挥最佳效能。通过发挥主导企业的核心作用，在培育企业自身实力及核心竞争力的同时，不断缩小与合作企业之间的文化差异，加强信息交流与知识共享问题，建立相应的激励措施，树立供应链全局观念，最终实现供应链企业之间合作的双赢关系。

1. 信息交流与知识共享机制

信息交流和知识共享有助于减少投机行为，有助于促进重要生产信息的自由流动。为加强供应商与制造商的信息交流，可以从以下几个方面着手：在供应商与制造商之间经常进行有关成本、作业计划、质量控制信息的交流与沟通，保持信息的一致性和准确性；实施并行工程。制造商在产品设计阶段让供应商参与进来，这样供应商可以在原材料和零部件的性能与功能方面提供有关信息，为实施质量功能配置（QFD）的产品开发方法创造条件，把用户的价值需求及时地转化为供应商的原材料和零部件的质量与功能要求，建立联合的任务小组解决共同关心的问题。在供应商与制造商之间应建立一种基于团队的工作小组，双方的有关人员共同解决供应过程以及制造过程中遇到的各种问题；供应商和制造商经常互访。供应商与制造商采购部门应经常性地互访，及时发现和解决各自在合作活动过程中出现的问题和困难，建立良好的合作气氛，使用电子数据交换（EDI）和因特网技术进行快速的数据传输。

2. 合作伙伴的激励机制

要保持长期的双赢关系，对供应商的激励是非常重要的。没有有效的激励机制，就不可能维持良好的供应关系。在激励机制的设计上，要体现公平、一致的原则。给予供应商价格折扣和柔性合同，以及采用赠送股权等，使供应商和制造商分享成功，同时也使供应商从合作中体会到双赢机制的好处。

第五节　大数据与物流管理

物流管理系统产生的数据分散存储，数据模型不统一，标准化程度低，无法支持非结构化和半结构化数据处理，数据未能有效地进行商业利用，给予大数据的物流管理系统构建数据集中、数据模型标准化、数据统一存储和处理、多结构化数据处理的模式。对产品搜索引擎和询价日志进行收集并管理，对海量数据进行计算和分布式处理，实现海量管理系统数据的实时快速加载、实时复杂查询和数据的实时入库，结合用户上网日志和互联网网页内容，进行深度数据挖掘和分析，为企业把握用户行为偏好、改善用户体验、精准行销、进行产品竞争力分析提供数据支持。

一、物流管理系统数据库

（一）Hadoop 介绍

MapReduce 模式，其中心思想就是分而治之。MapReduce 集群由普通 PC 机构成，为无共享式架构。在处理之前，将数据集分布至各个节点。处理时，每个节点就近读取本地存储的数据处理（map），将处理后的数据进行合并（combine）、排序（shuffle and sort）后再分发至 reduce 节点，避免了大量数据的传输，提高了处理效率。无共享式架构的另一个好处是配合复制（replication）策略，集群可以具有良好的容错性，一部分节点的死机不会对集群的正常工作造成影响。

Hadoop 是一个基于 Java 的分布式密集数据处理和数据分析的软件框架。它是一个基于分布式系统（HDFS）及其分布式数据库（HBase），用来将数据存储或部署到各个计算节点。用我们通俗的数学语言来表述，它大致上是：Hadoop = HDFS（文件系统，数据存储相关技术）+HBase（数据库）+MapReduce（数据处理）。

（二）HBase 分布式数据库

HBase 是一个分布式的、面向列的开源数据库，它不同于一般的关系数据库，是一个适合于非结构化数据存储的数据库。另一个不同的是 HBase 基于列的而不是基于行的模式。HBase 使用和 BigTable 非常相同的数据模型。用户存储数据行在一个表里。一个数据行拥有一个可选择的键和任意数量的列，一个或多个列组成一个 ColumnFamily，一个 Fmaily 下的列位于一个 HFile 中，易于缓存数据。

（三）物流管理系统数据库

系统采取以 Hadoop 为代表的 NoSQL 数据库技术和基于 SQL 的分布式数据库技术，采用 Hadoop 和数据仓库混搭的方式，对结构化和非结构化的海量数据和复杂数据进行存储与处理。将结构化、不需要关联分析、查询较少的数据保存在 NoSQL 数据库或 Hadoop 平台中；将结构化、需要关联分析或经常查询的数据保存在关系型数据库中，短期高价值数据放在高性能平台，中长期的数据放在低成本平台中，以实现数据高效率低成本的存储和处理。

二、物流管理系统中大数据技术的应用

物流销售管理系统中的统计分析子系统通过对用户信息提取、访问热点分析、产品竞争力对比分析，结合用户上网日志及互联网网页内容，仔细对客户进行细分，分析用户决策因素、购物偏好、价格承受范围，为准确把握用户购买心理、产品发展趋势、企业战略规划、系统运营管理提供决策支持。

物流管理大数据的架构，从上至下分为五个层次，它们分别是：用户接口、分类模块、计算模块、存储模块、查询模块。

（一）用户接口

用来与用户对接，方便使用者管理运用，也是数据的来源，在这个模块上产生输入。

（二）分类模块

数据由此进入存储中心，分类管理。利用用户接口传输来的数据再传送到下面的计算模块。分门别类地对应空间管理、仓储管理、销售管理和结算管理。

（三）计算模块

在这个计算模块，物流管理采用的是 Hadoop 集群，这个集群是计算模块的主要组成部分。在这个集群上，系统每天会对物流管理数据进行不同的 MapReduce 计算。利用数据挖掘、空间分析、运筹等算法进行数据的分类、整合，进行可视化的处理。

（四）存储模块

在存储模块，采用 HBase 分布式关系型数据库的集群，是基于 Hadoop、HBase 技术的一个 NoSQL 的存储集群，其中还包括了数据交换中心和分布式文件系统（HDFSF）。

（五）查询模块

在这一模块，通过操作系统和数据库对经过大数据技术处理的数据进行查询、分析。

三、大数据应用于物流管理的重要意义

（一）降低物流成本

大数据技术应用于物流管理决策可以提高物品流通速度，降低物流成本。尤其对一些特定产品来说，对时间、新鲜程度的要求很高，发展现代物流，关键是能够充分运用专业化现代化的运输工具迅速及时地运往消费地，提高商品流通速度，降低商品积压在产地所占据的成本，同时通过大规模的作业降低作业成本，减少多次装卸搬运所产生的产品破损，从而有效地降低物流成本。

（二）提升商品价值

大数据技术应用于现代物流管理决策可以促进专业化物流增值服务。提升产品价值，是提高国际竞争力的需要。有些商品本身的价值不高，可以通过发展专业的第三方物流组织，为商品提供专业的物流增值服务，来发掘商品的内在价值。现实中，我国不少商品不仅在质量和外观上缺乏竞争力，而且在流通过程中的产品配送和分销能力不足，交易成本高，损耗和浪费大。大数据应用于现代物流管理决策就是使商品通过低成本、高效率的物

流体系送达消费者手中。此外，应用大数据技术对现代企业物流管理决策进行研究也是发展物流产业和降低物流成本的需要，有利于大大提高企业的收入。应用大数据技术对现代物流管理决策不仅可以进行集约化物流，在一定范围内实现物流合理化，从而大量节约物流费用，而且可以节约大量的社会流动资金，实现资金流动的合理性，既提高经济效益，又提高社会效益。显然，完善和发展现代物流是流通国际化，缩小同发达国家之间的差距和提高我国国际竞争力的必要手段。

（三）做出科学决策

物流管理的信息化、网络化发展到一定程度就产生了智能化的需要，因此，物流管理的智能化是物流信息化、网络化的高层应用。物流管理中，不管是管理部门还是生产经营单位，不管是产品配送企业还是商户，都涉及运筹和决策的问题，例如，产品储存库存水平的确定，运输路线的选择，产品配送中心的经营管理等决策问题都需要借助大量的管理知识、经验和信息来解决。物流管理的智能化就需要有一系列智能的物流管理信息系统的支持，如物流专家系统、物流预测系统、物流配送中心管理决策系统等。当今的一些物流管理信息系统只为管理者提供普通的业务处理数据和简单的分析数据，不具备数据挖掘和知识发现的功能，不能提供立体的、多视角的、有渗透力的数据，更不能提供具有预测性的潜在的信息，不能满足物流网络中各个层次的实时需要。基于大数据的物流管理信息系统可以把相应的业务数据提取出来进行分析，分析过程可以不脱离物流企业和客户的操作流程，时效性强，可以克服在管理决策中出现的大量的主观决策，避免产生牛鞭效应。

（四）有利于物流产业化升级

将数据挖掘应用到物流管理决策中，不仅增强了物流系统的功能，可以实现物流结构的调整，利于物流产业良性升级，减少人工投入量，而且在物流园区、物流中心的建设，库存控制和运输配送等方面建立起能够有效控制的运行机制，使物流体系能够适应市场的变化，提高物流系统的效率和决策的准确性。另外，企业领导和管理部门可以将其所掌握的信息转化为决策的依据，提高决策能力、决策效力和决策准确性，减少决策过程中的主观因素，克服决策中的主观随意性和盲目性，减少因决策失误而造成的经济损失。

第六章 企业财务管理

第一节 企业财务管理概述

财务管理是现代企业管理的重要组成部分。它是市场经济条件下企业最基本的管理活动，市场经济越发展，财务管理越重要。特别是在现代市场经济中，竞争日趋激烈，财务管理已成为企业生存和发展的重要环节，也是提高经济效益的重要途径。要了解什么是财务管理，必须先分析企业的财务活动和财务关系。

一、财务活动

财务活动是指因企业筹资、投资、营运、分配等所产生的一系列与资金收支有关的活动（或称为资金运动）。在商品经济条件下，一切物资都具有一定量的价值，它体现着耗费于物资中的社会必要劳动量，社会再生产过程中物资价值的货币表现，就是资金。资金形态的不断转化，不断循环，形成了资金运动。企业的生产经营过程，一方面表现为实物商品的运动过程，另一方面表现为资金的运动过程，即资金运动。资金运动是企业生产经营过程的价值方面，它以价值形式综合地反映着企业的生产经营过程，构成企业生产经营活动的一个独立方面，这就是企业的财务活动。企业财务活动可分为以下四个方面。

（一）企业筹资引起的财务活动

筹资又称融资，是指企业从不同的渠道、利用不同的方式筹措生产经营所需要的资金的行为。占有并能支配一定数额的资金，是企业生存和发展的前提条件，因而筹资也就成为企业的一项最基本的财务活动。企业通过发行股票、发行债券、向银行借款等方式筹集资金，表现为企业资金的流入；企业偿还借款、支付利息、发放股利以及支付各种筹资费用等，则表现为企业资金的流出。这种因为筹集资金而产生的相关资金收支，便是由企业筹资而引起的财务活动。

（二）企业投资引起的财务活动

企业取得资金后，必须将资金投入生产经营过程，以谋求最大的经济利益；否则，筹资就失去了目的和效用。企业将筹集到的资金投放于内部生产经营领域用于购置固定资产、无形资产等，便形成企业的对内投资；企业将筹集到的资金投放于外部金融市场用于购买股票、债券或与其他企业联营等，便形成企业的对外投资。无论企业购买内部所需资产，还是从外部购买各种证券，都需要流出资金；而当企业变卖其对内投资形成的资产或收回其对外投资时，则会产生资金的流入。这种因为投放资金而产生的相关资金收支，便是由企业投资而引起的财务活动。

（三）企业经营引起的财务活动

企业在其日常生产经营过程中，会发生一系列的资金收付。第一，企业要采购材料或商品，以便从事生产和销售活动，同时，还要支付工资和其他营业费用；第二，当企业售出产品或商品后，便可取得销售收入，从而收回资金；第三，如果企业现有资金不能满足日常生产经营的需要，还要利用短期负债方式来筹集所需资金。这种因为企业日常生产经营而产生的相关资金收支，便是由企业经营而引起的财务活动，也称为资金营运活动。严格而言，资金营运活动属于企业的筹资和投资活动，它所强调的是与企业日常生产经营过程有关的筹资和投资活动。

（四）企业分配引起的财务活动

企业自身的生产经营活动会产生利润，企业因对外投资也会分得利润，这表明企业有了资金的增值或取得了投资收益。企业的利润需要按规定的程序进行分配：利润总额要按税法规定缴纳所得税；净利润要提取公积金和公益金，分别用于扩大积累、弥补亏损和改善职工集体福利设施；剩余利润则作为投资者的收益分配给投资者（股份公司为支付股利）或暂时留存企业作为投资者的追加投资（留存收益或保留盈余）。企业的利润无论是分配给投资者还是留存于企业，都会引起相应的资金流出或流入。这种因为利润分配而产生的相关资金收支，便是由企业分配而引起的财务活动。严格而言，净利润的分配属于企业的筹资活动，它所强调的是因企业向所有者筹资而给予的收益回报以及所有者暂时放弃一部分收益而形成企业变相的筹资。

二、财务关系

财务关系是指企业在组织财务活动过程中与各有关方面所发生的经济利益关系。企业的筹资活动、投资活动、经营活动、利润分配活动必然导致企业与各方面有着广泛且复杂的经济联系，这就形成了企业的财务关系。企业财务关系可分为以下六个方面。

（一）企业与其所有者之间的财务关系

企业与其所有者之间的财务关系主要是指企业的所有者向企业投入资金，企业向其所有者支付投资报酬所形成的经济关系。企业的所有者包括国家、法人单位和个人。所有者要按照投资合同、协议、章程的约定履行出资义务以便及时形成企业的资本。企业利用资本进行营运，实现利润后，应该按照所有者的出资比例或合同、章程的规定，向其所有者支付投资报酬。企业与其所有者均拥有约定的经济权利，并须履行和承担约定的经济责任与义务。企业与其所有者之间的财务关系，体现着所有权的性质，反映着企业所有权和经营权的关系。

（二）企业与其债权人之间的财务关系

企业与其债权人之间的财务关系主要是指企业向债权人借入资金，并按借款合同的规定按时支付利息和归还本金所形成的经济关系。在市场经济条件下，企业除利用所有者提供的资本进行经营外，还要借入一定数量的资金，以便降低融资成本，扩大经营规模。企业的债权人包括贷款机构、本企业所发行的债券的持有者、商业信用提供者、其他出借资金给企业的单位和个人。企业利用债权人提供的资金，要按约定的利息率及时向债权人支付利息；债务到期时，要按约定及时向债权人归还本金。企业与其债权人之间的财务关系，体现着债务与债权关系的性质。

（三）企业与其受资者之间的财务关系

企业与其受资者之间的财务关系主要是指企业以购买股票或直接投资的形式向其他经济组织投资所形成的经济关系。企业的受资者主要指其他企业，随着市场经济的不断发展，企业经营范围和经营规模的不断扩大，这种关系将会越来越广泛。企业向其他企业投资，应按投资合同、协议、章程的约定履行出资义务，并参与被投资企业的经营管理和利润分配。企业与其受资者之间的财务关系，体现着所有权性质的投资与受资的关系。

（四）企业与其债务人之间的财务关系

企业与其债务人之间的财务关系主要是指将其资金以购买债券、提供借款或商业信用等形式出借给其他单位使用所形成的经济关系。企业的债务人包括政府、金融机构、其他企业等。企业将资金借给债权人使用后，有权要求其债务人按约定的条件支付利息和归还本金。企业与其债务人之间的财务关系，体现着债权与债务关系的性质。

（五）企业内部的财务关系

企业内部的财务关系主要是指企业内部各单位（供产销各部门、各分公司、各生产车间、各分店等）之间在生产经营各环节中相互提供产品或劳务，以及企业向其员工支付劳动报酬所形成的经济关系。在企业实行内部经济核算制和内部经营责任制的条件下，企业生产经营过程中的各环节、各部门之间相互提供的劳务和产品也要计价结算，形成内部的资金结算关系。企业要按照劳动合同或协议，根据员工的劳动情况，向其支付工资、津贴和奖金等，形成企业与其员工之间的薪酬结算关系。企业内部的财务关系，体现着企业内部责、权、利关系的性质。

（六）企业与社会行政事务组织之间的财务关系

企业既是一个经济组织，也是一个社会组织，必然与社会行政事务组织发生各种经济关系。社会行政事务组织包括工商管理机构、税务机构、行业业务主管机构等。企业在其生产经营活动中，占用了各种社会资源，就需要接受社会行政事务组织的管理与监督，就需要以缴纳税款、管理费、行政罚金等履行对社会应尽的各种责任与义务。税务机构是与企业相关的社会行政事务组织的典型代表，企业必须按照税法规定向中央和地方政府缴纳各种税款，如所得税、流转税、资源税、财产税、行为税等。企业与税务机构之间的财务关系，体现着强制和无偿的分配关系的性质。

上述各方面的财务关系伴随着企业财务活动的发生而发生。企业在组织财务活动的同时，也在处理着相应的财务关系。只有处理好企业的各种财务关系，才会使企业的各项财务活动顺利开展，也才能实现企业的财务目标。

三、财务管理的含义和特征

（一）财务管理的含义

财务管理是基于企业再生产过程中客观存在的财务活动和财务关系而产生的，是组织企业财务活动、处理企业财务关系的一项经济管理工作，是企业管理的重要组成部分。具体来说，财务管理是以价值形式对企业的生产经营活动进行综合管理，它利用资金、成本费用、收入利润等价值形式来反映企业经济活动中的劳动占用量、劳动消耗量和劳动成果，进而反映出企业经济效益的好坏。财务管理中的各项价值指标，为企业提供了全面、系统的经济信息，是企业经营决策的重要依据；通过加强财务管理工作，企业可以合理筹集资金，有效使用资金，以尽可能少地占用、消耗取得尽可能多的生产经营成果，以实现提高经济效益这一财务管理的最终目标。

（二）财务管理的特征

1. 财务管理是一种价值管理

企业生产经营活动的复杂性，决定了企业管理必须包括多方面的内容，如生产管理、技术管理、物资管理、人力资源管理、销售管理、财务管理等。各项管理工作是相互联系、紧密配合的，同时又有科学的分工，具有各自的特点。财务管理的对象是企业的资金及其运动，它利用收入、成本、利润、资产、负债、权益、现金流量等价值指标，来组织企业生产经营中价值的形成、实现和分配，并处理这种价值运动中的各种经济利益关系。所以，财务管理区别于企业其他管理的最大特点，在于它是一种价值管理。

2. 财务管理是一种综合管理

商品的二重性决定了市场经济下的经济要素都是使用价值和价值的统一体，企业生产经营过程也表现为使用价值的生产和交换过程及价值的形成和实现过程的统一。由于财务管理是一种价值管理，使之又具有综合管理的特征。即使企业管理中存在着侧重点不同的各种管理职能，但它们的管理效果和业绩都可以通过资金运动的状况反映出来；而且，市场经济环境也要求企业各项职能管理的效果和业绩最终统一于相应的价值指标上。所以，财务管理在企业管理中属于一种综合性的管理，并对其他职能管理起着导向作用。

3. 财务管理是一种行为规范管理

在经济资源的优化配置时，必然要涉及各个经济利益主体的行为及其相互关系问题。财务管理则以企业财务活动为对象、以财务关系为角度、以制度约束为特征，处理企业内部各行为主体、企业与外部各利益相关集团之间的利益矛盾与协调问题，从而以管理制度的方式来规范财务行为主体的权、责、利关系，提高企业经济资源的综合配置效率。同时，财务管理也是一门艺术，体现着管理者的智慧和才华。

四、财务管理的内容

从资金运动角度来看，财务管理内容包括如下三方面。

（一）资金的筹集

资金筹集是企业财务管理的起点。企业作为从事生产经营的经济组织，必须拥有一定数量的资金。这些资金的来源主要包括两部分：一是投资者投入的资本金以及资本公积金和留存收益；二是企业的负债，包括长期负债和流动负债。

（二）资金的运用

企业资金的运用，包括资金的投放、占用和耗费。企业用筹集来的资金购建生产经营所需的房屋、建筑物、设备、材料以及技术投资，同时支付生产经营中的各种费用。

企业资金经过投放和占用，形成了企业的各项资产。如企业的流动资产、企业的长期投资、企业的固定资产、企业的无形资产，以及企业递延资产和其他资产等。

资金耗费是指企业在生产经营过程中所发生的以价值形式表现的消费。具体表现为产品的制造成本、企业的销售费用、管理费用和财务费用等。

（三）资金的回收与分配

企业筹集和运用资金的目的是为了取得理想的营业收入，即所取得的收入不仅能补偿生产经营中资金的耗费，而且还能带来营业利润。

营业收入是指企业将生产的产品或购入的商品进行销售、移交已完成工程或提供劳务等收回的货币。企业取得营业收入，使资金完成了从货币形态开始，经过形态变化，又回到货币形态这一资金循环。这一循环过程，称为资金周转。资金回收就是资金运动的重要环节。

营业利润是企业的营业收入扣除成本、费用和各种流转税及附加税费后的数额，包括产品（商品）销售利润和其他业务利润。企业的营业利润加上投资净收益，再加（减）营业外收支净额，就是企业的利润总额。企业的利润要按有关规定在国家、企业、投资者之间进行分配。

五、财务管理的原则和任务

在市场经济条件下，工商企业面临着日益广泛的资金运动和复杂的财务关系，这就需要企业财务管理人员正确、科学地加以组织和处理。财务管理原则就是组织调节资金运动和协调处理财务关系的基本准则。在企业财务管理工作中应遵循以下原则。

（一）资本金保全原则

资本金保全原则是指企业要确保投资者投入企业资本金的完整，确保所有者的权益。企业资本金是企业进行生产经营活动的本钱，是所有者权益的基本部分。企业的经营者可以自主使用投资者依法投资的任何财产，有责任使这些财产在生产经营中充分得到利用，实现其保值和增值。投资者在生产经营期间，除在相应条件和程序下依法转让资本金外，一般不得抽回投资。

（二）价值最大化原则

企业财务管理的目标是使资产所有者的财富最大化。在企业财务管理中贯彻价值最大化原则应贯彻到财务管理工作的各个环节中。

在筹资决策阶段，要根据这一原则，对各种筹资渠道进行分析、比较，选择资金成本最低、风险最小的筹资方案。

在进行投资决策时，也要贯彻这一原则，在长期投资和短期投资之间进行选择。短期投资有利于提高企业的变现能力和偿债能力，能减少风险；长期投资会给企业带来高于短期投资的回报，但风险较大。通过对不同投资项目进行可行性研究，选择一个收益最大的方案。

（三）风险与所得均衡原则

在市场经济条件下，企业的生产经营活动具有不确定性，企业的生产量、销售量都将随着市场需求的变化而变化。因此，企业生产经营的风险是不可避免的，其资金的筹措、运用和分配的风险也是客观存在的，所以，财务管理人员应意识到风险，并通过科学的方法预测各种生产经营活动及资金筹集、运用和分配方案风险的大小。风险越大，其预期收益越高；风险越小，其预期收益越低。要做到风险与收益的平衡。

（四）资金合理配置原则

资金的合理配置是由于资源的有限性和企业追求价值最大化所决定的。在企业财务管理中贯彻这一原则体现在合理配置资金，即在筹集资金时，要考虑资产负债的比例（负债总额比全部资产总额），做到既能举债经营，提高资金利润率，又能防止举债过多，加大企业财务风险；在资金运用时，要考虑资产结构，即各类资产在全部资产总额中所占比重，防止出现某类资产占用过多，而另一类资产却占用不足的情况。企业要把有限的资金用在刀刃上，并经常考核其资金配置结构的合理性和有效性。

（五）成本–效益原则

企业在生产经营过程中，为了取得收入，必然会发生相应的成本费用。如筹资会发生资金成本；生产产品会有直接材料、直接人工、制造费用的支出；销售商品会有商品购进成本和经营费用支出；从事生产经营管理工作，会发生管理费用；等等。在收入一定的情况下，成本费用越多，企业利润越少。因此，降低成本费用是企业提高经济效益，增加利润的有效途径。但是，企业的收入随着成本的增大而增大，随着成本的减少而减少，此时按成本-效益原则，在充分考核成本的基础上，如收入的增量大于成本的增量，则提高企业的效益；反之则使企业的效益下降。

企业财务管理的基本任务是：做好各项财务收支的计划、控制、核算、分析和考核工作，依法合理筹集资金，有效利用企业各项资产，努力提高经济效益。

第二节　资金的筹集与筹资结构优化

一、资金的筹集

企业资金的筹集是资金循环周转的起点，也是企业财务管理的首要问题。在企业整个资金筹集过程中，要先预测、衡量企业各项资金的需要量；然后，要确定相应的筹资渠道和方式。

企业资金来源从大类上分可以分为所有者权益和负债两大类，包括企业资本金、资本公积金、留存收益、企业负债四个方面。

（一）资本金

企业资本金是指企业在工商行政管理机关登记的注册资金，即企业开办时的本钱。对股份制企业而言，资本金就是股本。资本金按照投资主体分为国家资本金、法人资本金、个人资本金及外商资本金。企业筹集资本金的方式可以是多种多样的，既可以吸收货币资金的投资，又可以吸收实物、无形资产等形式的投资，企业还可以发行股票来筹集资本金。

发行股票筹集资本金是股份公司最常用的一种融资手段。股票是股份公司为筹集资本金而发行的。股票，是持股人拥有公司股份的入股凭证，它代表股份企业的所有权，股票持有者即为股东。股份公司发行股票筹资是一种很有弹性的筹资方式，股票无到期日，公司无须为偿还资金担心，而且，当公司经营不佳或资金短缺时，可以不发股息和红利。因此，发行股票筹资风险低。但是，由于投资者承担的风险较大，他们只有在股票的报酬高于债券的利息收入时，才愿意投资于股票，加之股息和红利要在税后利润中支付，使股票的筹资成本大大高于债券成本。另外，增发普通股会降低原有股东的控制权。

（二）资本公积金

资本公积金是一种资本储备形式，或者说是一种准资本，可以按照法定程序转化为资本金，是所有者权益的构成之一。其主要来源包括如下三方面：

1. 股票溢价

股份公司以发行股票的方式筹集资本金，其股票发行价格与股票面值可能一致，也可能不一致。按超出股票面值的价格发行，为溢价发行；按低于股票面值的价格发行，为折价发行；按与股票面值相同的价格发行，为面值发行。企业如果采用溢价发行股票，其取得的收入，相当于股票面值的都分作为资本金；超出面值的部分在扣除发行股票所支付的佣金、手续费等支出后，即股票溢价净收入作为资本公积金。

2. 法定资产重估增值

按照国家法律、法规进行资产重估，其重估价值大于账面净值的差额，作为资本公积金。

3. 企业接受捐赠的财产

企业接受捐赠，是指捐赠方给企业的一种无偿赠予，不同于接受投资，应作为资本公积金。

（三）留存收益

留存收益是企业生产经营活动所取得净收益的积累。它是所有者权益的一个组成部分，也是企业的一个重要资金来源。留存收益一般包括如下三方面：

1. 盈余公积金

盈余公积金是企业按照规定从税后利润中提取的积累资金。盈余公积金可以按照法定程序转增资本金，可以用于弥补企业以前年度亏损，还可按规定用于分配股利。

2. 公益金

公益金是企业按规定从税后利润中提取的专门用于企业职工集体福利设施的准备金。

3. 未分配利润

未分配利润是企业实际利润和已分配利润的差额，在分配前形成企业资金的一项来源。

（四）企业负债

企业负债是指企业承担的能够以货币计量，并需要以资产或劳务偿付的债务。在市场经济条件下，企业借入资金是企业筹集资金的重要方式。企业负债一般按其偿还期限的长短分为流动负债和长期负债。

1. 流动负债

流动负债是指可在一年或超过一年的一个营业周期内偿还的债务，包括短期借款、应付票据、应付账款、预收货款、应付工资、应交税金、应付利润、其他应付款、预提费用等。

2. 长期负债

长期负债是指偿还期限在一年或超过一年的一个营业周期以上的债务，包括长期借款、应付债券、长期应付款等。

二、资金成本与筹资结构优化分析

（一）资金成本

资金成本是指企业为筹措和使用资金而付出的代价，包括筹资过程中发生的筹资费用和用资过程中支付的报酬。前者如股票、债券的发行费用，后者如利息、股利等，这是资金成本的主要内容。

资金成本分为短期资金成本和长期资金成本。长期资金成本通常称为资本成本，它是企业资金成本问题研究的重点。资金成本通常用相对数来表示，即支付的报酬与获得的资金之间的比率。根据不同情况，资金成本可以有不同的表现形式，如银行借款资金成本率、债券资金成本率、股票资金成本率等。

（二）筹资结构优化分析

最佳的资本结构，是企业在一定时期使其综合资本成本最低，同时企业价值最大的资本结构。筹资结构优化分析就是指不同资金来源的筹资方案，实现最优的组合，以期选出经济合理、效益最好的方案，从筹资结构的总体上，可以使总资金成本最低。

一般地说，有如下两种情况：①各项资金成本率已定，但资金来源比例未定；②各项资金成本率未定，但资金来源比例已定。

第三节 资金运用管理

企业资金从占用形态上看，可以分为流动资金和固定资金两种基本形态。为了使企业的资金发挥最大的效力，应针对流动资金和固定资金特点实施有效管理。

一、流动资金管理

（一）流动资金的概念

流动资金是流动资产的货币表现，又称营运资金。具体地说，流动资金就是垫支在材料、能源、备品备件和低值易耗品，并准备用于支付工资和其他费用方面的资金。

（二）流动资金的形态

流动资金在周转中表现为储备资金、生产资金、成品资金、货币资金、结算资金等占用形态。它的价值周转是一次全部地进行的，经过一个生产周期就完成一次循环。资金的瞬间占用与周而复始的循环相结合是流动资金的主要特点。

（三）流动资金管理

流动资金管理的基本任务就是保证生产经营所需资金得到正常供给，并在此基础上减少资金占用，加速资金周转。其主要内容如下：

1. 货币资金管理

货币资金包括库存现金和银行存款，控制流动资金首先要从货币资金开始。货币资金管理的目的就是：要求有效地保证企业能够随时有资金可以利用，并从闲置的资金中得到最大的利息收入。货币资金管理的内容主要有以下三方面：

（1）编制现金预算或现金收支计划，以便合理地估计未来的资金需求。

（2）对日常的现金收支进行控制，力求加速收款，延缓付款。

（3）用特定的方法确定理想的现金余额。当企业实际现金余额与理想余额不一致时，采用短期融资策略或采用归还借款和投资于有价证券等策略达到理想状况。

2. 应收账款管理

应收账款是指企业因销售产品、材料和供应劳务等，应向购货单位收取的账款。随着市场经济发展，商业信用的推行，企业应收账款数额明显增多，因而应收账款已成为流动资金管理中一个日益重要的问题。

企业进行应收账款管理的基本目标：就是在充分发挥应收账款增加销售、减少存货功能的基础上，降低应收账款投资的成本，使提供商业信用、扩大销售所增加的收益大于有关的各项费用。

3. 存货管理

存货是指企业在生产经营过程中为销售或者耗用而储备的物资。存货管理的目的是以最低的存货成本提供维持企业生产经营所需的物资。

加强存货管理需要做到以下方面：一要建立、健全存货的检验、收发、领退、保管的清查盘点制度，保证存货的安全完整；二要合理确定存货量，节约使用资金；三要提高存货的利用效果，加速存货周转。

二、固定资金管理

（一）固定资产的概念

固定资金是固定资产的货币表现。固定资产是指使用期限超过一年，单位价值在规定标准以上，并在使用过程中保持原有物质形态的资产。固定资产包括机器设备、厂房建筑物、运输工具等。

（二）固定资产的分类

1. 按固定资产经济用途：固定资产可分为生产用固定资产和非生产用固定资产。

2. 按使用情况：固定资产可分为使用中固定资产、未使用固定资产和不需用固定资产。

3. 按所属关系：固定资产可分为企业自有固定资产和租入固定资产。

（三）固定资产管理

1. 应根据企业生产任务、经营规模、生产经营发展方向，正确测定固定资产需要量，合理配置固定资产。

2. 正确计提折旧，及时补偿固定资产损耗价值。固定资产的损耗包括有形损耗和无形损耗两种类型。有形损耗提取的折旧是在物质寿命期限内的直线折旧，其特点是折旧时间长（大约为物质寿命），在折旧年限内平均计提。无形损耗是由于劳动生产率提高或技术进步，固定资产由更先进、更便宜的设备所取代而引起的价值磨损，提取的折旧是在技术寿命期限内的快速折旧。

3. 做好固定资产投资（包括基本建设投资和更新改造投资）预测与决策，提高投资效益。与流动资产相比，固定资产具有投资数量大、投资回收期长、投资影响大等特点。为了获得固定资产投资的最佳经济效果，要在投资项目落实之前，论证投资项目技术上的可行性、先进性和经济上的合理性、效益性，通过比较，选择最佳方案。

4. 加强固定资产综合管理，提高固定资产的利用效果。在进行固定资产价值核算的同时，还要进行固定资产的实物管理。企业财务部门应与固定资产管理部门和使用部门相配合，严密组织固定资产的收发、保管工作，正确、及时、全面地反映各项固定资产的增减变化，定期进行实物清查，以保证固定资产完整无缺；加强固定资产的维护、修理工作，使之处于良好的技术状态并在使用中充分发挥作用，从而提高固定资产的利用效果。

此外，无形资产也是企业的一项重要经济资源。所谓无形资产又称无形固定资产，它是指企业长期使用的，具有一定价值，但不具有实物形态的资产。它一般包括专利权、商标权、著作权、非专利技术、土地使用权、商誉等。

第四节　成本和利润管理

一、成本管理

（一）成本的概念

产品成本是指企业在一定时期内为生产和销售一定的产品而发生的全部费用的总和。从财务管理与分析的角度讲，产品成本也是企业在一定时期内为生产和销售一定的产品所发生的资金耗费量。企业生产经营中发生的全部费用可分为制造成本和期间费用两大类。广义的产品成本包括制造成本和期间费用，狭义的产品成本则是指制造成本。

（二）成本的构成

1. 产品制造成本

制造成本是工业企业生产过程中实际消耗的直接材料、直接工资、其他直接支出和制造费用。它包括以下方面：

（1）直接材料

直接材料包括企业生产经营过程中实际消耗的原材料、辅助材料备品配件、外购半成品、燃料、动力、包装物以及其他直接材料等。

（2）直接工资

直接工资包括企业直接从事产品生产人员的工资、奖金、津贴和补贴等。

（3）其他直接支出

其他直接支出是指直接从事产品生产人员的职工福利费等。

（4）制造费用

制造费用是企业在生产车间范围内为生产产品和提供劳务而发生的各项间接费用，包括车间管理人员工资费、折旧费、修理费、办公费、水电费、物质消耗、劳动保护费、季节性及修理期间的停工损失等。

直接费用直接计入制造成本，间接费用则需要按一定的标准分配计入制造成本。

2. 期间费用

期间费用是企业为组织生产经营活动发生的、不能直接归属于某种产品的费用。它包括管理费用、财务费用和销售费用。

（1）管理费用

管理费用指企业行政管理部门为组织和管理生产经营活动而发生的各项费用，包括工资和福利费、工会经费、职工教育经费、劳动保险费、待业保险费、研究开发费、业务招待费、房产税、土地使用税、技术转让费、技术开发费、无形资产摊销、无形损失等。

（2）财务费用

财务费用是指企业为筹集资金而发生的各项费用，包括利息支出、汇兑净损失、金融机构手续费以及为筹资发生的其他费用。

（3）销售费用

销售费用是指企业在销售产品、自制半成品和提供劳务等过程中发生的各项费用以及专设销售机构的各项经费，包括应由企业负担的运输费、装卸费、包装费、保险费、展览费、广告费、销售服务费用、销售部门人员工资、职工福利费和其他经费等。

期间费用直接计入当期损益，从当期收入中抵消。

（三）成本管理

成本管理就是对企业的成本费用进行预测、计划、控制、核算、分析与考核，并采取降低成本费用措施等管理工作。

成本预测是成本管理的起点。成本预测就是通过对企业成本的形成进行事先的估计和预测，并与国内外、行业内外、企业内外进行对比分析，从而确定出企业的成本目标、成本降低目标以及相关的保证条件。成本预测既是成本控制的目标，又是成本分析与考核的依据。

成本控制是从技术、生产、经营各个角度对产品成本的形成过程，采用一定的标准进行经常的监督，发现问题，及时采取措施，对产品成本进行全面管理，以达到降低成本、求得最佳经济效益的目的。首先，对材料成本控制，应严格执行材料消耗定额，实行限额领料制度，降低采购成本，并做好修旧利废工作；其次，对工资成本控制，应充分利用工时，控制工作时间，提高劳动生产率；再次，对制造费用控制，应编制弹性预算，采取费用包干，归口负责；最后，对期间费用控制，企业应根据行业财务制度的要求，正确确定费用开支范围以及各项目的开支标准，对实际支出和耗费的各项费用进行计量、监督和限制，使其数额与预定的经营目标相一致。

成本分析是根据成本核算资料及其他有关资料，全面分析了解成本费用变动情况，系统研究影响成本费用升降的各种因素及其形成原因，挖掘企业内部潜力，寻找降低成本费用的途径。

二、利润管理

利润是企业在一定时期内生产经营活动的最终财务成果，是企业生产经营活动的效率和效益的最终体现。企业的利润主要是指利润总额和净利润。

（一）利润总额的构成

企业的利润总额包括营业利润、投资净收益、补贴收入和营业外收支净额四大部分。其计算公式为：

利润总额=利润营业+投资净收益+补贴收入+营业外收入+营业外支出

其中：

营业利润=产品销售利润+其他业务利润-管理费用-财务费用

产品销售利润=产品销售净收入-产品销售成本-产品销售费用
-产品销售税金及附加

1. 产品销售利润

产品销售利润即工业企业的主营业务利润，受产品销售收入、产品销售成本、产品销售税金及附加、产品销售费用制约。

2. 其他业务利润

其他业务利润即企业从事基本生产经营活动以外的其他经营活动所取得的利润。在工业企业中，它包括材料出售、固定资产出租、包装物出租、外购商品销售、无形资产转让、提供非工业性劳务等取得的利润，由其他销售收入扣除其他销售成本、其他销售税金及附加后形成。

3. 投资净收益

投资净收益即企业对外投资取得的收益减去对外投资损失后的余额。

4. 补贴收入

补贴收入是指企业收到的各种补贴收入，包括国家拨入的亏损补贴、减免增值税转入等。

5. 营业外收入

营业外收入即固定资产盘盈净收入、出售固定资产净收益、对方违约的罚款收入、教育费附加返还款，以及因债权人原因确实无法支付的应付款项等。

6. 营业外支出

营业外支出包括固定资产盘亏、报废、毁损和出售的净损失，非季节性的非大修理期间的停工损失、非常损失、公益救济性捐赠、赔偿金、违约金等。

（二）净利润的形成

净利润又称税后利润，是指企业缴纳所得税后形成的利润，是企业进行利润分配的依据。其计算公式为：

净利润＝利润总额－应交所得税

（三）利润分配

企业实现的利润总额，要在国家、企业所有者和企业法人之间分配，形成国家的所得税收入，分给投资者的利润和企业的留用利润（包括盈余公积金、公益金和未分配利润）等不同项目。企业所得税后利润分配顺序为：

1. 用于抵补被没收财产损失，支付各项税收的滞纳金和罚款；
2. 弥补以前年度亏损；
3. 按税后利润扣除前两项后的10%提取法定盈余公积金；
4. 提取公益金；
5. 向投资者分配利润，以前年度未分配利润可以并入本年度分配。

第五节 企业经济效益分析与评价

一、经济效益的内涵

经济效益就是经济活动中产出与投入之间的比例关系。换句话说，经济效益就是要以尽量少的劳动消耗和资源占用，取得更多的符合社会需要的有用成果。

（一）劳动消耗

劳动消耗包括物化劳动消耗和活劳动消耗。物化劳动消耗是指经济活动中实际消耗的燃料、原材料，机器设备的磨损，等等。活劳动消耗是指在劳动力使用过程中，脑力劳动和体力劳动消耗的总和。

（二）资源占用

资源占用是指生产过程中所占用的各种人力、物力、财力等各种资源，主要是物化劳动的占用，如使用的房屋、机器设备以及为保证劳动正常进行所需要的其他劳动条件和必要的物资储备。资源占用还包括占用的人力、占用的土地和自然资源等。

（三）有用成果

在物质生产部门，有用成果表现为符合社会需求的各种产品和劳务。经济效益的一般概念，可以用简单的公式表示如下：

$$\text{经济效益}=\frac{\text{有用成果}}{\text{劳动消耗}+\text{资源占用}}$$

二、企业经济效益评价的标准

评价企业经济效益的标准有质和量的规定性。所谓质的规定性，是指企业生产的产品要适销对路，满足社会需要。所谓量的规定性，有以下五种评价标准：

1. 企业现实指标与上一年同期实际水平相比较；
2. 与本企业历史最高水平相比较；
3. 与同行业的平均水平相比较；
4. 与同行业的先进水平相比较；
5. 与国际同行业先进水平相比较。

上述五种评价标准由低到高一共五个档次，在实际工作中应结合起来进行评价。

三、企业经济效益评价的指标

企业经济效益的评价指标有三类，即生产经营成果指标、消耗及消耗效果指标、资金占用及占用效果指标。每一类指标又包括若干具体的绝对指标与相对指标。

（一）生产经营成果指标

生产经营成果指标包括资产报酬率、所有者权益报酬率、销售利税率、销售收入及其增长率、税前利润及其增长率、税金及其增长率、人均销售收入及其增长率、人均税前利润及其增长率、人均税金及其增长率。

（二）消耗及消耗效果指标

消耗及消耗效果指标包括销售利税率、成本利润率、单位产品成本、单位产品人工成本率、单位产品材料成本率、单位产品费用成本率等。

（三）资金占用及占用效果指标

资金占用及占用效果指标包括总资产周转率、固定资产周转率、流动资产周转率、资产报酬率、存货周转率和应收账款周转率等。

四、企业经济效益综合分析

分析企业经济效益可以从企业收益性、成长性、流动性、安全性及生产性等五方面进行。

（一）收益性比率

收益性指标主要是反映企业的获利状况和获利能力的指标，它也是一个全面反映与评价企业经营状况的综合性指标。其主要指标有以下几个：

1. 销售利税率

销售利税率是用来衡量企业销售收入的收益水平的。其计算公式为：

$$销售利税率 = \frac{利润总额}{销售净收入} \times 100\%$$

2. 资产报酬率

资产报酬率又称资产收益率或投资报酬率，是指企业运用全部资产的收益率，反映企业对所有经济资源的运用效率。其计算公式为：

$$资产报酬率 = \frac{净利润}{资产总额} \times 100\%$$

在市场经济比较发达，各行业间竞争比较充分的情况下，各行业的资产报酬率将趋于一致。如果某些企业资产报酬率偏低，说明该企业资产利用效率较低，经营管理存在问题，应调整经营方针，加强经营管理。

3. 所有者权益报酬率

所有者权益报酬率简称权益报酬率，该指标用来反映企业投入资本每一元所赚取的净收益。其计算公式为：

$$所有者权益报酬率 = \frac{净利润}{所有者权益} \times 100\%$$

4. 毛利率

毛利率是企业的毛利与净销售收入的比率。其计算公式为：

$$毛利率 = \frac{毛利}{净销售收入} \times 100\%$$

式中：毛利是企业净销售收入与销售成本的差额，没有扣除三个期间费用。毛利率越大，说明在净销售收入中销售成本所占比重越小，企业通过销售获取利润的能力越强。

5. 净利润率

净利润率也称销售利润率或销售净利率，是净利润与净销售收入的比率。其计算公式为：

$$净利润率 = \frac{净利润}{净销售收入} \times 100\%$$

净利润率表明企业每一元销售收入可实现的净利润是多少。净利润率越高，说明企业的获利能力越强。

6. 成本费用利润率

成本费用利润率是企业利润总额与成本费用总额的比率。其计算公式为：

$$成本费用利润率 = \frac{利润总额}{成本费用总额} \times 100\%$$

成本费用是企业为了取得利润而付出的代价。成本费用利润率越高，说明企业为获取收益而付出的代价越小，企业的获利能力越强。因此，通过这个比率不仅可以评价企业获利能力的高低，也可以评价企业对成本费用的控制能力和经营管理水平。

7. 每股利润

每股利润也称每股收益，主要是针对普通股股东而言的。每股利润是指股份公司发行在外的普通股每股所取得的利润，它可以反映股份公司获利能力的大小。其计算公式为：

$$普通股每股利润 = \frac{净利润 - 优先股股利}{普通股发行在外股数}$$

8. 每股股利

每股股利又称每股股息，是指普通股每股获得的现金股利。其计算公式为：

$$每股股利 = \frac{支付普通股的现金股利}{普通股发行在外股数}$$

9. 股利发放率

股利发放率是每股股利与每股利润的比率，表明股份公司在净收益中有多少用于股利的分派。其计算公式为：

$$股利发放率 = \frac{每股股利}{每股利润} \times 100\%$$

10. 股利报酬率

股利报酬率是普通股每股股利与每股市价的比率，可以反映股票投资在股利方面所获得的报酬。其计算公式为：

$$股利报酬率 = \frac{每股股利}{每股市价} \times 100\%$$

11. 市盈率

市盈率又称价格盈余率或价格与收益比率，是指普通股每股市价与每股利润的比率。其计算公式为：

$$市盈率 = \frac{普通股每股市场价格}{普通股每股利润}$$

市盈率是反映股份公司获利情况的一个重要财务比率，无论是企业管理当局，还是投资者对这个比率都十分关心。

（二）流动性比率

分析企业流动性指标的目的在于观察企业在一定时期内资金周转状况，是对企业资金活动的效率分析，为此要计算出各种资产的周转率或周转期，分别讨论其运用效率。

（三）安全性比率

安全性指的是企业经营的安全程度，或者说是资金调度的安全性。分析企业安全性指标的目的在于观察企业在一定时期内的偿债能力状况。企业收益性好，安全性也高，但在有的情况下，收益性高，资金调度却不顺利。

（四）成长性比率

分析企业成长性指标的目的在于观察企业在一定时期内的经营能力发展的状况。一个企业即使收益性高，但如果成长性不好，也不能做出很高的评价。成长性分析就是从量和质的角度评价企业发展情况及将来的发展趋势。

（五）生产性比率

分析企业生产性指标的目的在于要查明企业在一定时期内企业人均生产经营能力、生产经营水平和生产成果的分配问题。

第六节　大数据时代与企业财务管理

一、大数据时代对企业财务管理的影响

（一）促进财务管理信息的挖掘

随着全球经济一体化趋势的日益加快，企业面临的内外部环境发生了较大的变化。相应的企业财务管理信息也随之更新，因此，需要企业能够通过快速响应与技术创新来获得内外部的财务管理信息情报，从而构筑一个更具竞争力的战略决策体系。在大数据时代之前，企业获得财务管理信息无非是通过财务会计报表数据，而在大数据时代背景下，企业获得财务管理信息的主要途径除了传统的财务报表外，利用大数据技术，企业可以从业务数据、客户数据等方面挖掘更多的财务管理信息。以计算为核心的大数据处理平台可以为企业提供一个更为有效的数据管理工具，提升企业财务管理水平。

（二）提升财务管理信息对企业决策的支持力度

企业在大数据时代背景下能够获得多维度的海量数据信息，在原来的工作模式中，企业可能无法应对如此繁杂的数据，但大数据条件下企业可以建立一个大数据预测分析系统，让企业从原先那种繁杂的数据监测与识别工作中解脱出来，为企业赢取更多的时间来进行决策与分析。比如，企业可以借助客户大数据分析体系，分析购买企业产品客户的收入分布水平和消费习惯阶层，从而开发出针对不同阶层的针对性产品，提高企业产品销售的效率。

（三）提升财务管理信息的准确度

在大数据时代，财务报告的编制以确认、计量、记录为基础，然而由于技术手段的缺失，财务数据和相关业务数据作为企业的一项重要资源，其价值并没有受到应有的重视。受制于技术限制，有些企业决策相关数据并未得到及时、充分的收集，或者由于数据分类标准差异，导致数据整合利用难度大、效率低，相关财务管理信息因此不准确、不精准，大量财务管理数据在生成财务报表之后便处于休眠状态而丧失价值。但在大数据时代由于技术的发展，企业高效率地处理整合海量数据成为可能，而且由于大数据技术所要求的规范化、标准化，大量财务管理数据的准确性得以提升。

（四）促进企业财务人员角色的转变

从企业财务管理的角度分析，大数据为财务人员从记账复核和简单的报表分析向高层管理会计转型提供了机遇。此前，财务人员只能通过对报表数据的分析为管理者提供决策的依据。随着市场竞争的加剧，基于财务报表的数据分析只能为管理者提供有限的信息，管理者越来越不满足于纯粹报表信息。但在大数据时代，财务人员企业可以面对不同维度的海量财务数据，而且数据之间的因果关系链更完整。同时，大数据技术能够帮助财务人员破解传统 Excel 分析难以应对的数据分析难题，透过那些看似普通的数据，财务人员可以在数据分析过程中更全面地了解到企业的现状及问题，更及时地评价企业的财务状况和经营成果，从而揭示经营活动中存在的矛盾和问题，为改善经营管理提供根据明确的方向和线索。

二、大数据时代下企业财务管理创新发展方向

（一）培育企业决策层的大数据管理意识

企业大数据时代下的财务管理离不开决策层的支持，但传统的数据分析对企业决策层来说属于轻车熟路，依赖差不多或大概的数据做出决策并取得成功的经验俯拾皆是。同时，成本高昂的大数据处理工具所带来的企业效益的提升可能难以准确量化。这些因素可能会造成企业决策层对大数据管理的迟疑甚至排斥。但是企业管理层必须意识到，当今的市场竞争越发激烈，以大数据管理为特征的时代已经来临，如果企业不能意识到这种变化，不能从大数据中迅速识别风险和发掘商机，在未来的行业竞争中将不可避免地被逐渐击败。企业意识形态的更新最大的推动力来自决策层的决心，只有培育企业决策层的大数据管理意识，并加强组织领导工作才能从根本上树立企业的大数据意识。

（二）转变企业财务管理职能

大数据时代，数据信息量庞大而复杂，但当代信息技术的发展为数据展示提供了条件，也为创新财务管理中数据信息的呈现方式提供了新的方向，企业财务人员需要转变管理思路，推动财务管理职能的适当转型。长期以来，企业财务管理职能主要定位于财务会计功能，通过确认、计量、记录、报告程序，努力为相关者提供决策所需的财务信息。管理会计虽然不断被提及，然而在企业管理中的实际应用范围较窄、层次较低，目前仍处于探索推进阶段。大数据下的企业财务管理工作将以大数据作为基础，在企业内部开展全面预算管理、资金集中管理与内部控制等管理会计职责，从而让企业财务管理工作能够高效

且顺畅地进行下去。因此，在大数据时代，亟须将管理会计提升到与财务会计同等重要的地位，甚至应当真正实现财务管理职能从财务会计向管理会计拓展延伸。

（三）提升财务管理信息化建设水平

提升财务管理信息化建设水平是做好大数据时代下企业财务管理的重要因素。首先，需要建立财务管理信息化制度，完善企业的网络信息环境，建立统一的财务管理制度，对各项数据、信息在制度上、流程上、收集方式上进一步实现统一，从而提升企业财务报告合并的工作效率与质量，提升各项财务信息、会计数据的透明度和公开度；其次，要做好与企业其他有用信息的互通互联，尤其是要解决业务信息、客户信息与财务信息的高度集成及依托精确的信息处理平台进行分析和决策的问题。企业通常可以考虑在内部设置一个财务信息平台，将企业的财务发展和战略决策全部纳入信息平台中，以便为企业管理层提供及时可靠的信息。

（四）促进财务分析由事后反映向事中控制转型

竞争环境的加剧要求传统成本管理转向以顾客为导向，着眼于竞争优势的战略成本管理，从注重成本核算向成本控制转变，从制造成本管理向产品全成本管理转变。从管理会计发展的趋势来看，作业成本法以其对成本的精确计算和对资源的充分利用引起了人们的极大兴趣，但其复杂的操作使得很多管理者望而却步。在大数据时代背景下，利用大数据技术能够确定成本动因，准确计算成本，实现从基于结果的分析向基于过程的挖掘转变。财务人员不再局限于事后反映、分析和监督，可以及时采集与生产制造成本相关的各种类型数据，通过成本控制系统，准确汇集分配成本，分析生产费用构成因素，区分不同产品的利润贡献差异进行全方位比较，实现在线过程控制与业务活动绩效评价。

（五）建设大数据财务人才队伍

大数据时代改变企业发展模式，要求财务人员超越财务思维，从业务的角度思考财务问题，财务人员不再是仅仅满足核算反映、财务监督等财务工作，更重要的是具备超越财务的战略全局观，组织流程规划设计能力，分析业务理解洞察力以及 IT 系统构架与建设的能力，这些都对财务管理人员提出了更高的要求。但目前大部分企业并没有相应的人才储备，也无法在数据分析模型上投入足够的人力资源。在大数据时代，提升企业大数据管理意识和财务信息化水平只是两个重要方面，更为重要的执行层面是要建设大数据财务人才队伍，这样企业才能真正利用大数据技术集中存储和分配财务资源，进而做出最优的财务决策。

第七章　大数据与企业信息、专利、质量管理

第一节　大数据与企业信息管理

一、大数据应用意义分析

大数据是近年来备受关注的一类互联网信息化技术。大数据已经成为继云计算和移动互联网应用之后，对互联网信息化管理有直接影响的综合性应用技术之一。信息技术相关从业企业和科研院所纷纷从不同角度展开了大数据技术应用的具体化研究，深度挖掘了大数据技术的潜在价值，使大数据技术走向高速应用的发展之路。

（一）提升了信息管理的效率

大数据应用能够切实有效提升信息管理效率。通过对数据的广泛收集和高效分析，数据掌握者能够更快速地实现信息检索和分析汇总工作，使信息管理工作处于持续的良好状态下，避免信息数据的人为流失，改善信息数据管理的实际模式。

（二）体现信息管理的科学性

大数据技术能够使信息的分类管理和分步管理更加有序和科学。大数据技术将数据片段整合为整体，进而能够实现分类管理，使不同属性的信息能够整合成为一个集合，继而根据相应的信息特点和特质实现有针对性的管理，使信息管理的科学性更加突出。同时，大数据技术运用也可以使信息管理的流程化更加有序，实现分步的信息管理，使信息规范性更强。

（三）体现信息管理的人性化

大数据能够根据不同的信息管理和使用习惯，体现出信息应用的人性化。在实际的信息管理过程中，信息管理者所遵循的基本管理规则和事项就会成为大数据技术平台的基本

规范，进而提升信息管理的实效性，满足信息高效利用的需要。同时大数据技术平台能够实现可视化操作，降低信息管理劳动量，增强信息操作的专业性。

二、企业信息管理现状

在大数据时代的背景之下，数据信息管理已经成为现代企业管理的重要组成部分，随着数据信息的不断膨胀，其对企业的未来发展起着越来越重要的作用，所以，企业的信息管理对于现代企业的生存和发展，有着非常重要的影响。现代企业在运营管理过程中，做好信息管理工作，刻不容缓。

（一）可视化的企业信息需求

随着计算机网络技术的快速发展，数据信息已经成为企业运营中的要素之一，其与企业人员以及企业制度有着同等的地位。大数据是如此重要，以至于其获取、储存、搜索、共享、分析，乃至可视化地呈现，都成为当前重要的研究课题。

（二）企业信息依赖性

大数据是信息通信技术发展积累至今，按照自身技术发展逻辑，从提高生产效率向更高智能阶段的自然生长。无处不在的信息感知和采集终端为我们采集了海量的数据，而以云计算为代表的计算技术的不断进步，为我们提供了强大的计算能力，这就围绕个人以及组织的行为构建起了一个与物质世界相平行的数字世界。大数据虽然孕育于信息通信技术的日渐普遍和成熟，但它对社会经济生活产生的影响绝不限于技术层面，更本质上，它是为我们看待世界提供了一种全新的方法，即决策行为将日益基于数据分析做出，而不是像过去更多凭借经验和直觉做出。

（三）企业数据影响

随着社会的发展，计算机网络技术的发展速度也越来越快，大数据的影响并不仅仅限于信息通信产业，而是正在“吞噬”和重构很多传统行业，广泛运用数据分析手段管理和优化运营的公司其实质都是一个数据公司。麦当劳以及苹果公司等专卖店的位置都是建立在数据分析基础之上的精准选址。

三、企业信息资源管理的难点

（一）结构复杂多样，统一标准规范难

大数据这一结构复杂多样的特性给信息资源统一标准和规范的建立带来麻烦，使得体

量庞大的结构化和非结构化的信息资源处于无序组织状态。标准化、规范化企业信息资源是未来企业信息化建设的重点和难点之一。

（二）动态性与交互性并存，实时精准管控难

互联网信息是企业信息资源的重要组成部分，互联网信息的动态性是显而易见的，具有很大的自由度和随意性。同时，交互性是网络信息传播的最大特点，互联网形成了企业与用户沟通的桥梁，企业和用户共同参与，使得信息双向流动。企业对信息资源实时精准控制难度越来越大。

（三）数量庞大且内容多样，深层价值挖掘难

一方面是与外部的客户、合作伙伴通过文本信息、社交网络、移动应用等形式进行互动时产生大量的数据；另一方面，企业内部生产研发、综合办公、视频监控等日常经营管理活动产生的大量信息。企业在 PB 级甚至 EB 级的数据中寻找相关信息无异于大海捞针，利用信息驱动决策的成本和复杂性与日俱增。

（四）管理体系与技术发展不对称

传统粗放式信息资源管理的整合度不高。大多数企业缺乏有效的方法、手段和机制对信息资源进行管理，无法及时有效地对信息资源进行提取、集成和分析，整合度非常低。

信息资源管理的核心目标就是确保信息资源的有效利用，做到正确决策。企业只有深度认知大数据特征以及大数据给企业信息资源管理带来的难点，才能有序组织和管理结构复杂、大量、实时且潜在价值高的信息，及时、准确地挖掘分析出海量数据信息的潜在价值，确保信息资源的有效利用。然而，多数企业对大数据的认知还只留于表面，导致信息资源的有效利用率偏低。

（五）信息资源管理缺乏数据治理体系化建设

数据治理尚属比较新兴的、发展中的概念，随着大数据、云计算、移动互联网等新一代信息技术的飞速发展，企业亟须数据治理来输出可信度高的数据。然而，目前国内大多数企业在数据治理方面还处于初级阶段，只是做了简单的数据质量检查、数据归档、数据安全等分散性的数据处理工作，没有形成数据治理方法论，数据作为企业核心资产来运作的理念尚未形成，完整的数据治理体系建设缺失。

四、大数据时代信息管理应对策略

在数据信息广泛传播和利用的环境背景下，信息管理要围绕时代特征而不断创新和优

化，进而使信息管理保持高水平和高效能。

（一）树立大数据意识

在大数据背景下，信息管理工作面临一系列新问题，提高大数据意识已经成为优化调整信息管理规则，提升信息管理水平的重要举措。在信息管理工作当中要树立海量信息意识和信息规则管理意识。大数据时代，在互联网等应用推动下，数据信息种类和数量呈现出几何倍数增长，大数据下的信息管理意识要围绕数据持续增长和信息管理规则性不断增强而提升，信息管理思维则要随着大数据技术的不断应用而丰富调整，进而满足新时期信息管理的新要求。

（二）完善大数据的分析应用

信息管理依托于大数据技术而发展，有利于信息管理针对性和科学性的提升。在数据收集、分析、应用、存储、共享等各个环节，大数据技术都与传统数据技术有区别，积极运用大数据技术能够有效建立起新的信息管理框架，使信息分类管理更加科学，信息运用更为灵活高效，全面提升信息管理的时效性和专业性。

（三）注重数据信息管理安全性

在互联网信息化时代，数据获取和传输渠道增多，信息管理工作的便捷性更为突出。但数据信息管理安全性问题值得关注，建立符合大数据规则的信息管理安全体系，确保海量数据和多元化信息应用的安全性和稳定性。

第二节　大数据背景下企业专利管理

一、专利管理基础知识

（一）专利管理概述

1. 专利管理的概念

专利管理既是一种市场行为，也是一种企业行为。企业专利管理是指：企业的专利管理机构和专利管理人员，在企业相关部门的配合和支持下，为贯彻国家制度，促进企业技术进步和创新，保障自己的合法权益，促进企业提高经济效益而对专利事务进行战略策划、规划、监督、保护、组织、协调等活动的总称。

2. 企业专利管理的主客体

企业专利管理的主体是企业的专利管理机构。

企业专利管理的客体是单位或个人涉及专利的各种活动。如专利开发，专利申请，专利的实施，专利权的许可与转让，专利权的保护，专利资产评估，专利信息收集与利用，专利纠纷处理，专利战略研究与运用等。

（二）专利管理的内容

企业专利管理是围绕企业专利的申请、授权、保护、利用等方面所进行的工作。从内容上看，涉及专利管理机构的建立与专利管理人员的确定，专利规章制度的建立与完善，专利产权管理，专利信息管理，专利利益分配与奖励等内容。从管理的层次上看，它可以分为战略性专利管理、决策性专利管理和事务性专利管理。

（三）专利管理的地位与作用

1. 专利管理的地位

企业专利管理是企业经营管理系统的重要分系统。这一分系统是以主管和统筹企业专利工作的主要领导为负责人，以企业专利管理部门为依托，以企业的技术开发、产品设计、市场营销、法律事务管理为支撑的一个有机体系。企业专利管理水平也是衡量其经营管理状况的重要标准。企业专利管理在企业经营管理中占据十分重要的地位。首先，专利对于企业是极端重要的，专利是一种包容法律、技术和经济的垄断权，企业拥有市场独占性强的专利，就可以专利为手段，获得市场竞争的优势；其次，专利管理本身对企业也是十分重要的，通过有效的专利管理，可以激发企业技术研究开发活动，跟踪技术前沿，提高企业技术创新能力和水平。同时，有效的专利管理是提高企业市场竞争力，实现外向型发展的重要保障。企业的竞争在某种意义上是专利技术的竞争。专利管理能引导企业采取积极的策略促使企业专利在数量和质量上提高，从而能够提高企业的竞争力，为实行国际化经营战略奠定基础。

2. 专利管理的作用

企业专利管理渗透到企业新技术和新产品开发、产品销售、产品或技术的进出口贸易等企业生产经营的各个环节，是企业经营管理的重要方面。专利管理也是企业管理的一种主动行为，是企业开展专利工作的主要内容之一。企业开展专利管理，可以促进企业技术创新，合理配置企业的科技资源，促进企业经济与科技的紧密结合。专利管理的作用具体表现在以下几个方面：促进技术创新；合理配置科技资源；促进科技与经济的结合；保持市场竞争优势；及时有效地保护企业正当利益。

二、企业专利管理机构及其职能

（一）企业专利管理机构及其人员

建立企业专利管理体制是企业专利管理工作的重要内容。在企业专利管理体制中，专利管理部门的建立又是企业专利管理体制建立的关键。原因在于，企业专利管理的基本事项都是由其承担的。企业的专利管理部门在推动企业有效的专利管理方面具有举足轻重的地位。企业可以根据自身的情况建立专利管理机构并配备相关人员。有条件的企业应配备专职专利工作人员，建立专门机构。其他企业可根据工作需要，明确承担专利工作的机构和专职或者兼职人员。企业专利工作机构的具体组织结构及管理模式，可结合企业自身情况灵活建制，如果企业缺乏条件配备专利工作者，可以从社会中介机构具有执业资格的专业人员中挑选企业专利顾问，帮助企业开展专利工作。

（二）企业专利管理机构的模式

从企业的实际情况看，专利管理机构的组织形式是由企业专利工作任务确定的，也因企业规模的大小和业务的多少而有所不同。我国企业的专利管理机构的组织形式一般有以下四种：

1. 集中管理形式

在企业中设立专利处或专利科，直属于企业主要负责人。或是设在综合技术部门，对企业各部门的专利工作统一管理。

2. 分散管理形式

除了在企业中设立专利处或专利科外，企业还可以在二级单位（研究所等）和其他部门设立专利组（室），负责并独立开展本部门的专利工作。

3. 集中管理和分散管理相结合的形式

在总公司设立专利处（科），各二级单位设立专利组或专利室、直属于专利处，也可以在各基层单位配备专职或兼职的专利工作人员，由专利部门统一管理。形成整个企业专利工作网络。

4. 其他形式

一些规模较小、财力有限的企业，可以不设立独立的专利工作机构，而由其他部门管理专利工作，配备专职或兼职专利管理人员。甚至可以由一个专利代理机构代管专利工作。

专利工作机构的组织形式根据企业的需要和专利工作的职能确定。不论采取何种组织形式，都应以能够最有效地发挥专利作用、执行专利工作目标为原则。只有使专利工作与企业的需要有机地结合起来，使专利工作的方针和做法与企业经营的方针、计划和战略活动融为一体，才能使专利管理机构不断优化、科学和有效。

（三）企业专利管理机构的职能

专利工作机构的职责：

制定开展专利工作的规划、计划和管理办法，并纳入企业技术进步的规划中；

负责对职工进行专利法和专利知识的宣传培训工作；

支付企业职工的发明创造活动，为职工提供有关专利事务的咨询服务；

受企业委托，办理本企业专利申请过程中的事宜，管理本企业持有的专利权，办理有关专利纠纷、专利诉讼事务；

参与组织专利技术的实施和管理专利实施许可贸易；

管理、利用与本企业有关的专利文献和专利信息，研究本企业的专利战略，为企业的经营决策服务，保护企业的专利权并注意防止侵犯他人专利权；

依法办理对职务发明专利的发明人或设计人的奖励与报酬；

做好技术和产品进出口中有关的专利工作；

筹集和管理企业的专利基金。

三、大数据时代与企业专利管理

（一）大数据时代企业专业管理的特点

传统思维之下，专利管理从属于现代企业管理，并且是现代企业管理十分重要的一个部分，贯穿在产品开发、产品销售以及科学创新等多个领域。在大数据时代，专利管理主要是指将和专利相关的数据进行搜集分析，并且融合专业管理的内容。在企业管理人才、流程以及制度的依托之下，促使产品研发、产品创新、专利保护以及相关资讯等形成有机的互动，并且构建出属于企业的专利管理系统，从而促使专利管理和数据管理相互结合。大数据，本质上属于一种工具以及资源，也可以成为一种思维的方式，将其和企业的专利管理融合，从而有效激发有价值的服务以及管理方面的创新。不但可以提升企业中专利的地位，而且可以改善企业管理困境，在大数据的支持下，企业专利管理促使企业更好服务企业管理。

（二）大数据时代的企业专利管理面临的问题与应对策略

1. 专利大数据搜集的问题以及应对策略

大数据搜集过程是对数据进行保障以及提取。专利数据的量相对比较大，不但包括专利的文件数据等，而且包含其他的文献资料，比如，市场资源资料、法律法规数据、人力资源资料等多种数据，这些数据总量基本上都达到了TB的级别，部分体量可以达到PB的级别。专利数据来源比较广泛，并且数据格式以及种类特别繁冗以及复杂，其中具有半结构化、结构化以及非结构化的各种数据形式，比如网络博客、广告、视频、图片、新闻、报告等多种类别。换句话说，和专利相关的数据种类多种多样，部分数据还比较难以获取以及存在获取的障碍等，大数据搜集的过程中需要克服以下困难：第一，数据体量过大，难以搜集；第二，数据形式以及种类多种多样；第三，数据多元化。只有克服以上三种困难，才能保障数据搜集的完整性、及时性以及准确性。其中，企业的专利管理，可以根据专利检索以及定制智能搜集的软件实现数据搜集。此外，可以借助商业数据的提供商，将软件搜集和人工搜集相互结合，从而有效应对大数据搜集的困难。

2. 专利大数据处理的问题以及应对的策略

专利数据存在数据来源广、数据量大、数据分布广泛、数据结构复杂以及持续增长等多种特点，相比传统的专利数据，大数据这些特征导致数据处理存在一定的问题。首先，数据异构性，就是专利管理所依靠的数据不是分布在同一数据系统当中，而且分布在多个不同数据系统之中，并且通常是以半结构以及非结构化的形式存在，难以通过简单的数据结构加以标识，此外，传统关系数据库难以处理复杂数据结构相关数据；其次，数据存在非完备性问题，换句话说，在大数据的条件下得到的数据包含很多错误信息以及非完整性的信息，处理大数据以及分析大数据之前，应当对非完备性加以处理，之后才能对后续的数据加以分析处理，输出具有价值性的数据；再次，有效性的问题，数据量一般越大，进行处理数据的过程就更长，数据的价值一般是随着实践推迟快速降低直到消失。因此，关于数据的处理应当是高效率、稳定、智能化以及响应性更快；最后，数据处理存在很多风险因素，应当保障安全性，企业通过分析处理模型以及处理之后的信息进行专利管理决策，对企业发展具有重要意义，在专利大数据分析处理过程应当切实保障数据的安全性，才能保障企业决策的准确性以及可靠性。

第三节　大数据时代的质量管理

一、质量管理概述

（一）定义

质量管理是指在质量方面指挥和控制组织的协调的活动。质量管理，通常包括制定质量方针和质量目标以及质量策划、质量控制、质量保证和质量改进。

（二）发展过程

质量管理的发展大致经历了三个阶段。

1. 质量检验阶段

20 世纪前，产品质量主要依靠操作者本人的技艺水平和经验来保证，属于“操作者的质量管理”。20 世纪初，以 F. W. 泰勒（Frederick Winslow Taylor）为代表的科学管理理论的产生，促使产品的质量检验从加工制造中分离出来，质量管理的职能由操作者转移给工长，是“工长的质量管理”。随着企业生产规模的扩大和产品复杂程度的提高，产品有了技术标准（技术条件），公差制度也日趋完善，各种检验工具和检验技术也随之发展，大多数企业开始设置检验部门，有的直属于厂长领导，这时是“检验员的质量管理”。上述几种做法都属于事后检验的质量管理方式。

2. 统计质量控制阶段

1924 年，美国数理统计学家 W. A. 休哈特（Walter A. Shewhart）提出控制和预防缺陷的概念。他运用数理统计的原理提出在生产过程中控制产品质量的“6σ”法，绘制出第一张控制图并建立了一套统计卡片。与此同时，美国贝尔研究所提出关于抽样检验的概念及其实施方案，成为运用数理统计理论解决质量问题的先驱，但当时并未被普遍接受。

3. 全面质量管理阶段

20 世纪 50 年代以来，随着生产力的迅速发展和科学技术的日新月异，人们对产品的质量从注重产品的一般性能发展为注重产品的耐用性、可靠性、安全性、维修性和经济性等方面。在生产技术和企业管理中要求运用系统的观点来研究质量问题。在管理理论上也有新的发展，突出重视人的因素，强调依靠企业全体人员的努力来保证质量。此外，还有“保护消费者利益”运动的兴起，企业之间市场竞争越来越激烈。在这种情况下，美国 A.

V. 费根鲍姆（A. V. Feigenbaum）于 20 世纪 60 年代初提出全面质量管理的概念。他提出，全面质量管理是“为了能够在最经济的水平上、并考虑到充分满足顾客要求的条件下进行生产和提供服务，并把企业各部门在研制质量、维持质量和提高质量方面的活动构成为一体的一种有效体系”。

（三）相关特性

质量管理的发展与工业生产技术和管理科学的发展密切相关。现代关于质量的概念包括对社会性、经济性和系统性三方面的认识。

1. 质量的社会性

质量的好坏不仅从直接的用户，而且是从整个社会的角度来评价，尤其关系到生产安全、环境污染、生态平衡等问题时更是如此。

（1）坚持按标准组织生产

标准化工作是质量管理的重要前提，是实现管理规范化的需要，“不讲规矩不成方圆”。企业的标准分为技术标准和管理标准。工作标准实际上是从管理标准中分离出来的，是管理标准的一部分。技术标准主要分为原材料辅助材料标准、工艺工装标准、半成品标准、产成品标准、包装标准、检验标准等。它是沿着产品形成这根线环环控制投入各工序物料的质量，层层把关设卡，使生产过程处于受控状态。在技术标准体系中，各个标准都是以产品标准为核心而展开的，都是为了达到产成品标准服务的。

管理标准是规范人的行为，规范人与人的关系，规范人与物的关系，是为提高工作质量，保证产品质量服务的。它包括产品工艺规程、操作规程和经济责任制等。企业标准化的程度，反映企业管理水平的高低。企业要保证产品质量，一是要建立健全各种技术标准和管理标准，力求配套；二是要严格执行标准，把生产过程中物料的质量、人的工作质量给予规范，严格考核，奖罚兑现；三是要不断修订改善标准，贯彻实现新标准，保证标准的先进性。

（2）强化质量检验机制

质量检验在生产过程中发挥以下职能：一是保证的职能，也就是把关的职能，通过对原材料、半成品的检验，鉴别、分选、剔除不合格品，并决定该产品或该批产品是否接收。保证不合格的原材料不投产，不合格的半成品不转入下道工序，不合格的产品不出厂；二是预防的职能，通过质量检验获得的信息和数据，为控制提供依据，发现质量问题，找出原因及时排除，预防或减少不合格产品的产生；三是报告的职能，质量检验部门将质量信息、质量问题及时向厂长或上级有关部门报告，为提高质量，加强管理提供必要的质量信息。

要提高质量检验工作，一是需要建立健全质量检验机构，配备能满足生产需要的质量检验人员和设备、设施；二是要建立健全质量检验制度，从原材料进厂到产成品出厂都要实行层层把关，做原始记录，生产工人和检验人员责任分明，实行质量追踪。同时要把生产工人和检验人员职能紧密结合起来，检验人员不但要负责质检，还有指导生产工人的职能。生产工人不能只管生产，自己生产出来的产品自己要先进行检验，要实行自检、互检、专检三者相结合；三是要树立质量检验机构的权威，质量检验机构必须在厂长的直接领导下，任何部门和人员都不能干预，经过质量检验部门确认的不合格的原材料不准进厂，不合格的半成品不能流到下一道工序，不合格的产品不许出厂。

（3）实行质量否决权

产品质量靠工作质量来保证，工作质量的好坏主要是人的问题。因此，如何挖掘人的积极因素，健全质量管理机制和约束机制，是质量工作中的一个重要环节。

质量责任制或以质量为核心的经济责任制是提高人的工作质量的重要手段。质量管理在企业各项管理中占有重要地位，这是因为企业的重要任务就是生产产品，为社会提供使用价值，同时获得自己的经济效益。质量责任制的核心就是企业管理人员、技术人员、生产人员在质量问题上实行责、权、利相结合。作为生产过程质量管理，首先要对各个岗位及人员分析质量职能，即明确在质量问题上各自负什么责任，工作的标准是什么；其次，要把岗位人员的产品质量与经济利益紧密挂钩，兑现奖罚。对长期优胜者给予重奖，对玩忽职守造成质量损失的除不计工资外，还处以赔偿或其他处分。

此外，为突出质量管理工作的重要性，还要实行质量否决。就是把质量指标作为考核干部职工的一项硬指标，其他工作不管做得如何好，只要在质量问题上出了问题，在评选先进、晋升、晋级等荣誉项目时实行一票否决。

（4）抓住影响产品质量的关键因素，设置质量管理点或质量控制点

质量管理点（控制点）的含义是生产制造现场在一定时期、一定的条件下对需要重点控制的质量特性、关键部位、薄弱环节以及主要因素等采取的特殊管理措施和办法，实行强化管理，使工厂处于很好的控制状态，保证规定的质量要求。加强这方面的管理，需要专业管理人员对企业整体做出系统分析，找出重点部位和薄弱环节并加以控制。

质量是企业的生命，是一个企业整体素质的展示，也是一个企业综合实力的体现。伴随人类社会的进步和人们生活水平的提高，顾客对产品质量要求越来越高。因此，企业要想长期稳定发展，必须围绕质量这个核心开展生产，加强产品质量管理，借以生产出高品质的产品，让企业领导放心，让我们的客户称心！

2. 质量经济性

质量不仅从某些技术指标来考虑，还从制造成本、价格、使用价值和消耗等几方面来

综合评价。在确定质量水平或目标时，不能脱离社会的条件和需要，不能单纯追求技术上的先进性，还应考虑使用上的经济合理性，使质量和价格达到合理的平衡。

3. 质量系统性

质量是一个受到设计、制造、使用等因素影响的复杂系统。例如，汽车是一个复杂的机械系统，同时又是涉及道路、司机、乘客、货物、交通制度等特点的使用系统。产品的质量应该达到多维评价的目标。费根堡姆认为，质量系统是指具有确定质量标准的产品和为交付使用所必需的管理上和技术上的步骤的网络。

质量管理发展到全面质量管理，是质量管理工作的又一个大的进步，统计质量管理着重于应用统计方法控制生产过程质量，发挥预防性管理作用，从而保证产品质量。然而，产品质量的形成过程不仅与生产过程有关，还与其他许多过程、许多环节和因素相关联，这不是单纯依靠统计质量管理所能解决的。全面质量管理相对更加适应现代化大生产对质量管理整体性、综合性的客观要求，从过去限于局部性的管理进一步走向全面性、系统性的管理。

二、大数据时代企业质量管理的创新思维

作为一名质量工作者，当你走进产品研发室，走进生产车间，走进你的客户中间时，你会忽然发现质量管理的某些理念和方法正在悄悄发生变化，原来普遍适用的一些东西现在好像不那么适用了，例如，现代化的在线监测技术使得抽样理论变成了摆设，数据库的应用使得颇具神秘色彩的统计技术变得捉襟见肘，原来保存的大量珍贵的质量管理资料在百度上唾手可得……

质量管理的大数据时代确实已经到来，但是人们对于这种变化似乎还没有做好准备，有些人宁愿假设这不是真的，有时候技术的变化倒逼人们去思考、去转变、去应对。当前，从硅谷到北京，从繁荣的都市到偏僻的山村，随着因特网技术、智能手机、可穿戴智能设备的应用和普及，我们的产品、客户、品牌、技术，甚至我们个人的行为、位置、偏好等每一点变化都成为可被记录和分析的数据，一个大规模生产、传输、分享和应用数据的时代已经开启。毫无疑问，大数据时代将会对质量管理工作带来巨大的影响。

大数据的精髓在于我们分析信息时发生的四个转变，这些转变将改变我们对于质量管理的思考角度和处事方式。

（一）大数据才是财富

在大数据时代，我们不能再认为数据是静止和陈旧的。但是在以前，一旦完成了收集数据的目的之后，数据就会被认为已经没有用处了。比如说，在飞机降落之后，这个班次

的飞机票就是一张废纸。在大数据时代，这张飞机票的使命可能刚刚开始，这些数据的积累、存储、检索和分析可能给企业提供一个谁也没有注意到的信息，而这个信息可能给企业的创新、经营和绩效带来巨大的收益。

过去我们一讲到质量检验，大家的共识就是六步骤（或七步骤），到了“比较和判定、确认和处置”阶段，检验就结束了，收集的样本也完成了历史使命，记录的检验结果也可以归档或传递到下一个工序了。但是在大数据时代，这些检验数据（控制数据、市场数据）则要进入公司的数据库，自动化的数据分析程序则会跟踪这些数据，以找到某些规律性的东西，这些数据是公司经营和管理的财富，有时候这些数据就是公司的核心竞争力，就像谷歌、百度、微软公司一样。

（二）抽样不再时髦

另一个转变就是，在大数据时代，我们可以分析更多的数据，有时候甚至可以处理和某个特别现象相关的所有数据，而不再依赖于抽样。抽样是信息缺乏时代和信息流通受限制的模拟时代的产物，以前我们通常把这看成是理所当然的限制，但高性能数字技术的流行让我们意识到，这其实是一种技术的约束和人为的限制，与局限在小数据范围相比，使用一切数据为我们带来了更高的精确性，也让我们看到了以前无法发现的细节。人们早就发现了抽样的局限性，例如，我们做控制图时使用的合理子组原则，当面对海量数据时已经形成不了组，这种原则就不成为其原则，我们的质量工作者可能不再受这个教条的束缚，人们也不用再去考虑这种概念造成的影响了。

（三）精确度不再重要

在小数据时代，因为需要分析的数据很少，所以，我们必须尽可能精准地量化我们的记录。这就像一个小商店晚上打烊的时候要把收银台里的每一分钱都数清楚，但是财政部的官员们不会这样做，他们不会使用“分”这个单位去精确度量国民经济生产总值。随着大数据时代的到来，我们的质量工作者对于精确度的痴迷将会减弱。

其实，即便是原来使用的所谓精确度，在某些数据的计算时本来就是不靠谱的事情，只是碍于没有大数据的支持，人们只能勉强凑合罢了。例如，有人把顾客满意度的数据精确到0.01，这样做要么是不懂装懂，要么就是骗子。因为顾客满意度本来就是一个主观性很强的数据，本来就是使用定量分析的方法来计算定性的现象，不可能有这种所谓的精确性。

（四）不必再寻找因果关系

寻找因果关系是人类长久以来的习惯，尽管确定因果关系很难而且用途不大，人们还是习惯性地寻找缘由。相反，在大数据时代，我们无须再紧盯事物之间的因果关系，而应该寻找事物之间的相关关系，这会给我们提供非常新颖而有价值的观点。相关关系也许不能准确地告诉我们某件事情为何会发生，但是它会提醒我们这件事情是否正在发生，在许多情况下，这种提醒的帮助已经足够大了。

在小数据时代，我们也做相关分析，但是那种相关分析与大数据时代的相关分析有着天壤之别。小数据时代，首先我们要假设两组（或更多组）相关的数据，然后再假定一个关联物，多数情况下还要再做一些假设使本来就不多的数据变成线性数据，而且还要求它们呈现正态分布，经过这么多次反复的折腾，即便分析出了结果，这些结果又有多少可以相信、可以利用的价值呢？在大数据时代，我们再也不用假设蛋挞与飓风之间是否存在正态分布关系，而可以直接得出结论，采取应对措施。我们可能用不着争论顾客满意度与顾客忠诚度孰高孰低的问题了。

我们现在拥有如此多的数据、如此好的计算机设备和计算机软件、如此高效的通信终端，因而不需要人工选择一个关联物或者一小部分相似数据来逐一分析了。海量数据、众多变量之间有没有关系，什么关系，这些关系的影响会造成什么结果，再也不用我们盲目假设了，一切交给计算机就好了。大数据时代的相关关系分析更准确、更快捷，而且不易受偏见的影响。

在质量管理领域，一种被称为“预测分析法”的方法已经被广泛采用，它可以预测事件的发生。在机器、发动机、大型动物、桥梁和大型建筑物等对象上放置传感器变得越来越平常了，这些传感器被用来收集、记录和传输散发的热量、振幅、承压和发出的声音等信息。一个东西要出故障，不会是瞬间的，而是慢慢地出问题的。通过收集所有的数据，我们可以预先捕捉到事物要出故障（或其他变化）的信号，比方说动物的叫声、发动机的嗡嗡声、引擎过热、支撑变形等参数的改变都说明它们要出现某种变化了。系统把这些异常情况传输给中心数据库，中心数据库的计算设备就能够把这些异常情况与正常情况进行对比，就会知道什么地方出了毛病，并得出这些毛病的性质、紧急程度和相应的对策等信息。通过尽早发现异常，系统可以提醒我们在故障出现之前更换零件或者修复问题。通过找出一个关联物并监控它，我们就能控制现在、预测未来，这正是质量管理期盼解决的问题。

应对大数据时代的挑战，首先必须解决的是意识问题。质量管理的大数据时代并不是要求我们重新建设一个更大型的计算机系统，重新收集更多、更新的数据，也不是把问题复杂化，而是指的一种意识，这种意识告诉我们把数据当成生产力，我们既可以有目的地收集、存储和分析过去忽略的信息，也可以把那些公开的数据、用过的二手数据、沉淀在硬盘中的数据重新唤醒，进行恰当的处理，这样就有可能获得某些问题的答案。另外，大数据时代并不是全盘否定过往的经验和做法，而是在继承的基础上发展，有效的质量管理技术和方法仍然需要继续使用，但是我们需要思考，如何把海量的数据、高效的计算机系统、方便的移动终端与我们的日常工作结合起来，与我们已经习以为常的质量管理方法和技术结合起来，如果能够实现这种结合，我们的工作可能会事半功倍，我们的企业可能会获得更高的绩效，我们的产品和服务也可能会获得更大的竞争优势。

参考文献

［1］钱坤，俞荟，朱蕾．企业管理［M］．北京：北京理工大学出版社，2020.

［2］赵高斌，康峰，陈志文．经济发展要素与企业管理［M］．长春：吉林人民出版社，2020.

［3］滕兴乐．中小企业管理创新研究［M］．长春：吉林人民出版社，2020.

［4］郭艳蕊，李果．现代财务会计与企业管理［M］．天津：天津科学技术出版社，2020.

［5］罗芳，龙春彦．企业管理指导手册：技巧+风险+福利+范例：［M］．北京：中国铁道出版社，2020.

［6］郑俊生．企业战略管理：第2版［M］．北京：北京理工大学出版社，2020.

［7］周玮，周苏妍．企业风险管理［M］．北京：机械工业出版社，2020.

［8］庄粉荣，李汉柱．企业纳税实务及风险管理［M］．北京：中国铁道出版社，2020.

［9］吴旭，钱立新，谢丽英．酒店企业学院课程管理［M］．长春：吉林人民出版社，2020.

［10］冯涛．企业薪酬设计管理实务［M］．北京：中国铁道出版社，2020.

［11］薛丽红，李晓宁．现代企业管理［M］．北京：北京理工大学出版社，2019.

［12］张春辉，李锦慧，耿波．企业管理与模式创新［M］．延吉：延边大学出版社，2019.

［13］杨爱华，梁朝辉，吴小林．企业管理概论［M］．成都：电子科技大学出版社，2019.

［14］宁凌，唐楚生．现代企业管理：第2版［M］．北京：机械工业出版社，2019.

［15］杨国春．现代企业管理［M］．成都：电子科技大学出版社，2019.

［16］张博．企业管理信息系统的建设与应用［M］．北京：北京理工大学出版社，2021.

［17］成刚．量子思维与企业管理［M］．北京：企业管理出版社，2019.

［18］刘素军．现代企业管理［M］．青岛：中国海洋大学出版社，2019.

［19］张则．新时代企业管理研究专业认证项目管理［M］．北京：中国纺织出版社，2021.

［20］张铁志．市场营销与企业管理［M］．天津：天津科学技术出版社，2019.

［21］王雅姝．大数据背景下的企业管理创新与实践［M］．北京：九州出版社，2019.

［22］韩连胜．一流管理创新走向世界的企业管理体系［M］．天津：南开大学出版社，

2021.
［23］蒙蒙，禹久泓．基于管理会计大数据及工具视角的企业创新能力的研究［M］．北京：中国经济出版社，2020.
［24］王小沐，高玲．大数据时代我国企业的财务管理发展与变革［M］．长春：东北师范大学出版社，2017.
［25］王凯霞．大数据时代企业人力资源管理模式构建与机制创新研究［M］．北京：北京工业大学出版社，2018.
［26］王晓平，尚猛，李瑶．企业管理的创新模式［M］．北京：煤炭工业出版社，2018.
［27］张印，刘永锋，孙宗耀．物流企业管理［M］．济南：山东大学出版社，2018.
［28］方永飞．自组织互联网+企业管理创新［M］．广州：广东经济出版社，2016.
［29］孙维林．企业管理方法论［M］．北京：中国工人出版社，2021.
［30］李蕾，全超，江朝虎．企业管理与人力资源建设发展［M］．长春：吉林人民出版社，2021.